I0120028

*Economiquement
incorrect*

DU MÊME AUTEUR

MÉMOIRES VOLÉES, avec Jean-Hervé Lorenzi,
    Ramsay, 1979.

Eric Le Boucher

Economiquement incorrect

BERNARD GRASSET
PARIS

Tous droits de traduction, de reproduction et d'adaptation
réservés pour tous pays.

© *Éditions Grasset & Fasquelle, 2005.*

Introduction

Le nouveau monde apparaît. Il va changer encore beaucoup, mais on en devine les grandes lignes.

La période de déconstruction, engagée il y a vingt-cinq ans sous Ronald Reagan et Margaret Thatcher, s'achève. Leurs coups de boutoir idéologiques, politiques, économiques, technologiques et militaires ont démoli le monde du XXᵉ siècle issu des deux guerres mondiales : le communisme à l'Est et au Sud, et l'économie keynésienne ou « fordienne » à l'Ouest. L'Amérique sous Reagan a défait l'URSS et le communisme. L'Amérique sous Reagan a baissé les impôts et engagé la révolution libérale : place aux marchés, à l'initiative entrepreneuriale, à l'innovation, au recul de l'Etat, au démantèlement des régulations publiques.

Aujourd'hui, la reconstruction est commencée. Sortent de terre les premiers étages du monde nouveau. Les lignes de force géopolitiques, la tectonique du commerce international, les grandes tendances macroéconomiques, les grandes fractures technologiques, deviennent nettes. S'ouvre une nouvelle phase de recomposition des champs économique, politique et idéologique.

On peut, bien sûr, s'arrêter aux incertitudes. Elles restent nombreuses : La Chine et l'Inde réussiront-elles à poursuivre leur course au développement ? Le Moyen-Orient trouvera-t-il, enfin, les voies de sa modernité ? L'Afrique sera-t-elle dévorée par le sida ? L'Amérique latine réussira-t-elle à trouver une route moyenne entre les Etats-Unis et l'Europe ?

Mais on peut aussi regarder les certitudes. L'hyperpuissance américaine, assise sur une suprématie dans tous les domaines, va perdurer. La percée des géants démographiques du Sud – Chine, Inde, Brésil – est vertigineuse. La Chine deviendra, si elle prolonge son rythme, la première puissance économique mondiale en 2040, dépassant les Etats-Unis, selon les calculs de la banque Goldman Sachs. L'Inde sera juste derrière.

L'économie de l'ensemble du BRIC (Brésil, Russie, Inde, Chine) doublera dans moins de dix ans celle des quatre grands européens réunis (Allemagne, France, Grande-Bretagne, Italie). En 2050, Chine, Inde et Brésil pèseront six fois l'Union européenne, enfoncée par sa faible démographie et par sa molle croissance.

Pour se rendre compte du basculement à venir, il faut avoir en tête que l'économie des Etats-Unis représente sept fois celle de la France aujourd'hui. On mesure quotidiennement ce que cela représente de différence de force. Eh bien, en 2050, l'économie chinoise vaudra quatorze fois celle de la France !

Le nouveau monde nous saute à la figure. Tout va aller très vite. Et les conséquences sont prévisibles. L'Europe, vieillie et reléguée, sera de plus en plus menacée par les délocalisations de ses emplois non qualifiés, puis qualifiés. Mais elle le sera encore plus gravement par le déplacement de ses firmes et de ses capitaux, qui ne peuvent qu'être attirés vers les nouveaux horizons. Le marché français : un quatorzième du chinois... Croyez-vous que Renault, Alcatel ou BNP Paribas auront longtemps leur siège ici ?

Ce monde neuf est ambivalent. Les marchés sont efficaces mais ils sont inégalitaires. Les innovations permettent de sauver des vies et de donner plus de confort mais elles génèrent des « dégâts », sur la qualité, sur l'environnement. La mondialisation propulse le développement de pays et de continents entiers comme l'Asie mais elle en laisse de côté d'autres, comme une grande partie de l'Afrique. Ouvrant toutes grandes les portes, elle a aussi laissé entrer les forces de l'excès. La finance conduite par son mauvais génie, la grégarité. L'avidité. La futilité. Les crises monétaires et financières menacent l'ensemble. Les inégalités bousculent violemment les classes sociales. Le XXIᵉ siècle a des allures du XIXᵉ.

La grande affaire de ce début de siècle est de construire une démocratie mondiale qui soit à la hauteur des forces économiques globalisées. Ce combat est celui de la démocratisation du G8, de la réforme de l'ONU et des agences internationales comme l'OMC (Organisation mondiale du commerce). Il est celui de la montée en puissance de la société civile et des ONG (Organisations non gouvernementales). Il est celui de l'internationalisation des syndicats. En face des marchés, doivent se construire des institutions régulatrices, sous des formes variées, sans rêver surtout à un « gouvernement mondial », porteur de tyrannie. Les marchés livrés aux forces de l'excès attendent qu'on les discipline et qu'on organise les transitions inévitables.

Devant les enjeux globaux, les Etats-nations sont dépassés. Mais ils ne sont pas impuissants. A l'extérieur, ils doivent s'unir pour dicter les normes et les règles. A l'intérieur, ils doivent se reconstruire. Après avoir reculé pendant vingt-cinq ans, le pouvoir politique regagne un rôle : celui de rebâtir les systèmes de sécurité lorsque les marchés bousculent les conditions de production et de travail.

Mais encore faudrait-il que chaque gouvernement explique le monde qui change et trace des perspectives. Encore faudrait-il que les dirigeants sachent sortir du court-termisme électoral et lèvent les yeux. A eux de découvrir les nouveaux champs de force, de préparer leurs opinions, de redonner une spécialisation à leur pays dans la nouvelle division du travail. De multiples tâches urgentes les attendent : prévoir l'épuisement énergétique, refonder les mécanismes de l'Etat-providence, moderniser l'éducation pour que l'égalité des chances cesse de n'être plus que formelle, stimuler l'innovation, investir dans les infrastructures, apprendre à attirer les capitaux.

Il n'est qu'un interdit : l'ignorance de la compétition globale.

Pour un pays comme la France, prise comme les autres dans ce grand maelström mondial, la question se résume finalement simplement : quels emplois, dans vingt ans, pour nos enfants ?

Le pays s'est englué. Si ses grandes firmes ont atteint la classe mondiale, sa structure générale, institutionnelle, politique et idéologique, bref son « modèle social », date des années 1960 et de la grande industrie. Il est incapable de répondre, malgré son coût très élevé, aux défis des nouvelles précarités et des nouvelles insécurités. Les débats politiques français tournent autour de subterfuges imaginaires pour refuser cette modernité. Les dirigeants peu courageux illusionnent les Français dans une défense électoraliste du « modèle français », manifestement en échec.

Voilà vingt-cinq ans que le taux de chômage a dépassé chez nous les 10 %. Il est temps d'engager la grande mutation française. Les solutions existent, d'autres les appliquent. Il est temps de cesser d'accuser les autres de nos maux, le capitalisme, le libéralisme, les Etats-Unis, l'Europe, l'élargissement ou l'Angleterre, bref, toujours l'extérieur. Il est temps de cesser d'entretenir la nostalgie du modèle industriel « fordien » et des années 60. Il faut affronter le monde neuf sans arrière-pensées, se gardant de tout sentimentalisme, se défiant de l'idéologiquement correct, du politiquement correct, de l'économiquement correct. Avec, au contraire, un goût pour les idées qui marchent, neuves, validées, utiles. Avec l'envie d'aller voir ailleurs comment s'y prend l'étranger. Avec la volonté de mettre à mal l'alliance dominante des bienpensants, nouée entre les profiteurs du statu quo et ceux qui s'enferment dans l'espoir vain de rebâtir le monde d'avant Reagan.

Le nouveau monde n'attend pas les pessimistes. Il se fait. Il s'accélère. Il tuera les immobiles.

PREMIÈRE PARTIE

Les grands mouvements

1

Aujourd'hui
faut-il aider les riches ?

La caractéristique la plus fondamentale de la période est que le capital est mobile quand le travail reste collé à son sol national, à l'exception des élites nomades, scientifiques, artistes, analystes financiers ou footballeurs. Chaque pays est en concurrence avec les autres pour attirer les investissements et conserver ses élites. Voici un dialogue entre un Américain et un Européen, sous forme de lettres fictives, qui permet de planter le nouveau décor, abruptement.

Lettre de l'Américain à l'Européen

« Mais quand allez-vous finir par abandonner votre vieille morale qui vous pousse à vous porter constamment au secours des faibles, des blessés et des pauvres ? Non qu'il ne faille plus les plaindre et leur accorder votre commisération ; cela vous regarde personnellement. Mais la politique publique, elle, doit se défaire de ce dispendieux penchant. Il est temps de réaliser que, dans l'économie moderne, il faut s'y prendre tout autrement. Il faut aider les riches ! Oui, les riches ! Il faut que l'Etat les soutienne, leur accorde des attentions, des faveurs et de considérables baisses d'impôts. Pensez efficacité, pour une fois.

« Aujourd'hui, la classe capitaliste est celle qui investit, qui innove, qui prend les risques et qui élève la croissance. Et cette croissance plus forte, la société dans son ensemble en profite, y compris les pauvres. Ils ont des miettes, dites-vous ? Soyez réaliste : ce sont des miettes certes, personne ne le nie, mais ces miettes sont supérieures à celles que reçoivent les pauvres des ruineuses politiques d'aides que vous vous acharnez à maintenir en Europe. A vouloir à tout prix s'occuper des plus nécessiteux, on se prive d'une dynamique de croissance forte et l'on enfonce tout le monde, y compris, finalement, les pauvres.

« Regardez les Etats-Unis. L'adoption d'un capitalisme "patrimonial" et les baisses d'impôts de Ronald Reagan ont engagé une révolution conservatrice qui a provoqué un tournant historique dans la distribution des richesses. Le recul des inégalités, amorcé dans les années 1930, s'est arrêté, et les écarts sont repartis à la hausse. OK. Et alors ? Le pays, menacé de toutes parts dans les années 1980, est devenu aujourd'hui l'hyperpuissance qu'on sait. L'URSS marxiste est morte. Le Japon planificateur est durablement dans les choux et le Japon qui renaît est individualiste. L'Europe social-démocrate végète. L'Amérique a créé des dizaines de millions de nouveaux emplois de qualité et terrassé le chômage. Nous investissons des fortunes dans la recherche, dominons toutes les technologies de pointe, monopolisons les meilleurs artistes, sportifs et savants de la planète.

« Et la pauvreté ? J'y viens. Vous serez d'accord : la meilleure façon de la faire reculer n'est pas de verser des subsides mais de créer plus d'emplois et d'améliorer les salaires grâce à de forts gains de productivité. Or, c'est ce qui se passe aux Etats-Unis. Résultat : la proportion des Américains vivant sous le seuil dit de pauvreté est revenue de 15 % en 1993 à 12,5 % en 2003. Pour la première fois, le chômage des Noirs est passé sous la barre des 10 %. Et la pauvreté est un phénomène relatif : comme le note l'économiste Daniel Cohen, la richesse moyenne des Européens, qui se rapprochait de celle des Américains, a été distancée depuis vingt ans. L'écart du PIB par tête qui était descendu à 20 % en 1980 est remonté à 25 % en 2004.

« Convaincu ? Vous feriez mieux de nous emboîter le pas, car nous allons continuer. Contrairement à vos espoirs, le président Bush a été réélu. Il veut bâtir une "société de propriétaires", où chacun sera responsable de son sort et où l'Etat ne sera plus là pour imposer des solutions collectives, donc collectivistes, donc moins efficaces. L'Etat aura pour but de permettre aux gens de choisir, en fonction de leurs désirs et de leurs talents. Oh, je vous vois venir ! Vous allez me dire que le programme de baisse des impôts annoncé pour son second mandat par George Bush ne va profiter qu'aux riches. Selon les calculs de l'Urban Institute, 42 % des 647 milliards de dollars sur dix ans de ce plan vont aller au 1 % des Américains les plus riches. Un ménage qui gagne 1 million de dollars épargnera 32 000 dollars et un autre, sans enfant, vivant avec 21 000 dollars ne touchera que 47 dollars. Vous allez me dire aussi, que la suppression totale de l'impôt sur les dividendes, mesure-phare du plan, ne concerne pas M. Tout-le-Monde mais va profiter aux très gros actionnaires. OK. OK. Mais justement ! Le plan va conforter les "risk-takers", ceux qui prennent des risques, qui investissent dans les nouvelles technologies, électroniques ou bio-génétiques.

« Bref, il redonne encore et encore de l'élan, il nous permettra de conserver notre croissance de 2 % au-dessus de la vôtre et de maintenir le plein emploi quand l'Europe traîne douze millions de chômeurs. Votre modèle social prend l'eau de toutes parts, le nôtre est simple et solide : je peux perdre mon emploi demain mais j'en retrouverai un après-demain. Voilà notre nouvelle "sécurité sociale", la garantie du plein emploi. C'est elle qui nous emplit d'optimisme sur l'avenir et qui attire vos enfants chez nous. Comprenez enfin : il faut valoriser ceux qui vont de l'avant. Votre égalitarisme dépassé cause votre déclin. »

Réponse de l'économiste européen

« Je ne suis pas certain que le second mandat de George Bush soit aussi brillant d'un point de vue économique que vous l'écrivez. L'Amérique doit sa vigoureuse croissance à ses avances dans les nouvelles technologies, certes, à son esprit "entrepreneurial", certes, mais aussi aux excès de dépenses de l'Etat et des ménages. Votre économie est body-buildée. Jamais votre endettement n'a été aussi élevé dans l'histoire. Vous vivez aux dépens du reste du monde qui, jour après jour, vous finance en achetant vos dollars. Mais cette facilité aura une fin. Les déficits devront être remboursés. Une politique qui aurait encouragé l'épargne aurait plus sûrement préparé l'avenir. L'administration Bush aurait dû engager l'inéluctable transition d'un modèle de croissance appuyé sur l'endettement à un modèle plus équilibré.

« Mais j'en viens au fond. Nul ne doute que nous sommes entrés dans une phase "schumpétérienne" du capitalisme. Comme l'avait très bien décrit l'économiste autrichien, le processus de destruction créatrice le transforme de façon permanente. Mais cette fois-ci il se déroule à une vitesse inédite et, désormais, à l'échelle planétaire. L'entrepreneur mondial "détruit les structures vieillies" et "crée des éléments neufs" dans une "mutation" sans précédent.

« Quelles en sont les conséquences ? Le nombre de travailleurs qui participent au jeu mondial a doublé en quelques années avec l'arrivée de la Chine, de l'Inde et du Brésil, passant de 1,5 milliard à 3 milliards, selon l'économiste Richard Freeman[1]. Cette arrivée pèse déjà fortement et pèsera demain terriblement sur les salaires dans les pays développés. Mais pour autant la lutte contre les inégalités devient-elle

1. « The Doubling of the Global Workforce », *The Globalist*, juin 2005.

un frein à la croissance dans ce contexte ? Les politiques de redistribution, et donc les impôts nécessaires, dissuadent-ils les riches d'investir ? La mobilité du capital étant libre et facile, fuient-ils les espaces taxés ? Le niveau des prélèvements sociaux serait-il désormais dissuasif en Europe ? Faudrait-il alors renoncer à réduire les inégalités et plus largement, à défendre notre modèle social ? Est-ce parce que nous le défendons que l'Amérique nous distance ?

« Je ne le pense pas. La croissance est forte et le chômage réduit dans certains pays européens comme la Suède ou le Danemark. Ce ne sont pas des modèles d'inégalités, au contraire. L'innovation est bouillonnante en Finlande, autre pays social-démocrate. J'en conviens, la croissance est globalement supérieure de votre côté de l'Atlantique par rapport à l'ensemble de l'Union européenne et votre regain de puissance rend difficile le rejet total de votre argumentation. C'est d'ailleurs l'objet de toutes les réflexions sur le "modèle européen" que d'essayer de marier, à notre façon, égalité et dynamisme.

« Certains pays y parviennent : la Scandinavie jouit d'une croissance comparable à la vôtre, tout en ayant conservé son niveau élevé de prélèvements fiscaux et son "modèle" social. La Grande-Bretagne de Tony Blair jouit d'une forte expansion tout en reconstruisant son système social et ses services publics. Certes, les premiers pays sont de petite taille et leur méthode n'est, de ce fait, pas si facilement applicable dans des pays comme la France ou l'Allemagne. Certes aussi, la Grande-Bretagne dont le système social a été carbonisé par Lady Thatcher est également un cas particulier. Même s'il y a beaucoup à apprendre de ces pays, l'ensemble du continent n'a donc pas trouvé à marier croissance et sécurité, bref, à réinventer la social-démocratie.

« Mais de votre côté, l'avenir ne paraît pas si rose. L'Amérique fabrique une nouvelle lutte des classes, de trois classes en fait : les pauvres, la classe moyenne et les super-riches. Le problème n'est pas qu'il y ait des riches de plus en plus riches. Tant mieux pour eux. Le neuf n'est pas qu'il y ait des pauvres. Il y en a d'ailleurs un peu moins, vous avez raison. Ce qui pose problème est que la classe moyenne se déchire. Une majorité de la *middle-class* – ceux qui par manque de formation ou d'assurance personnelle ont peur d'aller de l'avant – rejette la compétition et les conditions précaires qu'on leur impose. Ils développent une angoisse de l'avenir. Parmi ces personnes, les moins mobiles, les mal formées, les peu adaptables, les moins intelligents, trouvaient malgré cela leur place dans l'ancien système. Désormais, ils sont mis de côté. Vous, Américains, acceptez ce système grâce à votre foi en l'avenir, mais s'il favorise le dynamisme, il grossit l'instabilité. »

Cet échange de nos deux économistes au-dessus de l'Atlantique porte sur l'essentiel : le capitalisme nouveau a rouvert le conflit entre l'économique et le social. Dans la période d'après la grande crise des années 1930, le capital et le travail avaient trouvé un compromis profitable aux deux parties sur des bases nationales : la stabilité des relations de travail et de meilleurs salaires nourrissaient la consommation, garantissant un débouché pour les firmes. C'est le bon salaire donné par Ford à ses ouvriers pour qu'ils achètent ses voitures. L'Etat-providence était créé dans le même esprit : assurer l'éducation, la santé et la retraite des populations pour consolider les équilibres sociaux dans le long terme. Or, aujourd'hui, ce « compromis fordien », comme l'a nommé Michel Aglietta, professeur d'économie à l'université de Nanterre[1], a volé en éclats. Liberté étant offerte aux capitaux de s'investir là où les perspectives de rentabilité sont les meilleures, l'accord passé avec le travail sur une base nationale n'est plus forcément avantageux. Les pays

1. *Régulation et crises du capitalisme*, Odile Jacob, rééd. 1997.

sont mis en concurrence. Les firmes examinent chaque Etat, ses coûts et avantages sociaux, fiscaux, éducatifs, etc. Chaque gouvernement mis sur la sellette voit ses marges de manœuvre réduites. Ses politiques sociales et fiscales sont particulièrement mises sous surveillance et sous pression.

Si l'Etat ne se transforme pas lui-même pour être plus efficient dans cette compétition globale, il risque d'être obligé de réduire ses prélèvements et, peut-être, ses dépenses de redistribution sociale.

Partant de ce constat, plusieurs logiques sont possibles, plusieurs stratégies. La première est le reaganisme : il faut libérer les marchés pour attirer les capitaux, assurer le plein emploi et laisser les individus libres d'assurer leur destin. C'est la stratégie défendue par notre économiste américain.

La deuxième est tout l'inverse : refuser la mondialisation puisqu'elle force à un recul sans fin. Les mouvements antimondialisation poussent la logique au bout et estiment que l'Etat-providence est condamné à la peau de chagrin. Le double dumping fiscal et social à l'échelle du monde le force à se limiter, encore et encore, dans une spirale du toujours moins. Le capitalisme nouveau porte en lui une remise en cause fondamentale de l'Etat-providence et un abaissement inéluctable du social, estiment les tenants de cette stratégie. La seule attitude cohérente est, dans ce cas, de le combattre pied à pied, en mobilisant toutes les forces sociales possibles. C'est la stratégie de la « résistance », très présente, voire dominante, en France.

La troisième stratégie refuse ces scenarii noirs de l'américanisation et de l'antimondialisation. Puisque la Suède, par exemple, a réussi à maintenir son niveau social et sa croissance, démonstration est faite que la thèse de l'« inéluctabilité du déclin social » est fausse. Sans doute n'est-ce pas facile, comme le reconnaît notre économiste européen. Mais l'Etat-providence n'est pas condamné à mort par le capitalisme du XXIᵉ siècle : les entreprises ont besoin plus que jamais de main-d'œuvre bien formées et d'infrastructures modernes, mais aussi de règles et de régulations. L'Etat est en revanche condamné à bouger, à augmenter son efficacité, à faire constamment la preuve de son utilité, à se replacer sur les nouveaux besoins et sur les nouvelles inégalités. C'est la stratégie de l'« adaptation ».

Il est une certitude : l'ampleur du changement en cours. Les forces mises en marche par le nouveau monde obligent à des remises en cause de l'intégralité des champs économiques et sociaux, à des transformations. On vit une mutation globale, on ne s'en tirera pas avec des réformettes.

2

Les Tigres
sont entrés dans Paris

———————————

Chine et Inde : le transformisme peut-il
réussir ?
Le dragon se réveille, la planète
tremble. La Chine se lève et forte de son milliard trois cents millions d'habitants, menace de
tout écraser. Depuis l'accession au pouvoir de
Deng Xiaoping en 1978, après la mort de Mao,
et sa décision de faire du développement économique sa « vérité centrale », la production
intérieure brute a été multipliée par dix et les
exportations par quarante-cinq. Le pays est
devenu la sixième puissance économique mondiale et ses dirigeants veulent encore quadru-
pler le PIB d'ici à 2020.
Simple retour à la normale se félicitent les
dirigeants de Pékin qui ne manquent pas de
rappeler que l'empire du Milieu a été la pre-

mière puissance mondiale jusqu'en 1820, moment auquel elle a raté la révolution industrielle et a laissé la prédominance à l'Europe au XIXᵉ siècle puis à l'Amérique au XXᵉ. Il est temps, selon eux, de refermer cette parenthèse et de reprendre la place historique du pays, celle du centre du monde [1].

Sa nouvelle « révolution », la Chine entend cette fois la réussir. Et elle a beaucoup d'atouts, à commencer par une classe dirigeante talentueuse, tout entière mobilisée par le développement. Une gigantesque machine originale est mise en route mariant la dictature et le capitalisme. Le peuple est privé de droits sauf d'un seul, celui de s'enrichir. Le développement industriel, parti des zones côtières, s'enfonce peu à peu dans le cœur du pays, et attire des millions de paysans affamés, leur donnant un salaire et un espoir.

Les nuées de bicyclettes qui, hier, symbolisaient les villes chinoises ont maintenant disparu des rues, remplacées par des files de voitures dans les embouteillages. La Chine ressemble à l'Amérique des années 1920, construisant, année après année, des dizaines de villes nouvelles, des milliers de gratte-ciel au modernisme criant, des milliers de kilomètres d'auto-

1. Erik Israelewicz, *Quand la Chine change le monde*, Grasset, 2005.

routes souvent vides, des centaines de centrales électriques toujours surchargées.

La Chine croit de 8-10 % par an avec constance, contredisant systématiquement les sceptiques qui affirment qu'elle va exploser à ce rythme.

L'Inde a emprunté le chemin du développement plus tard, en 1991. La plus grande démocratie du monde croît aussi moins vite, entre 6 % et 8 %, et encore faut-il que la mousson soit bonne (des mauvaises pluies peuvent couper la croissance de deux points). Mais la même course du développement est engagée. L'entrée de ministres communistes au gouvernement en mai 2004 n'a pas modifié l'ambition de croissance. L'enrichissement d'une classe supérieure est rapide : chaque année, l'Inde compte 9 000 millionnaires en dollars de plus. Le reste du convoi s'étire, beaucoup, mais suit.

Est-ce durable ? Le développement industriel de l'Europe a pris un siècle et demi, cette Asie nous rattrape en deux ou trois décennies. Des pays de plus d'un milliard d'habitants peuvent-ils aller si vite sans craquer ? Sans déchirer leur tissu social ou régional ? Le « transformisme » a raté en Russie sous Gorbatchev. Peut-il tenir en Chine et en Inde ?

Le point de départ se ressemble. La Chine est communiste et elle veut gérer, autoritairement, sa transition vers le capitalisme. L'Inde est, elle, une démocratie depuis sa décolonisation. Mais elle a connu une longue période d'influence soviétique qui a gonflé puis figé une bureaucratie déjà somnolente sous une épaisse couche de rigidités historiques. Réussir le développement consiste pour ces deux pays à mener mille révolutions pour abolir des lois, des structures et des habitudes mi-médiévales, mi-soviétiques.

La clé, pour Pékin comme pour New Delhi, c'est la croissance. C'est elle qui a manqué en Russie. Elle est obtenue là par une judicieuse spécialisation dans l'économie-monde : l'industrie pour la Chine, les services pour l'Inde. La première voie, la chinoise, nécessite de lourdes infrastructures, du capital (les Chinois en regorgent avec un taux d'épargne de 40 %) et une importation des techniques étrangères habilement conduite. La seconde voie, l'indienne, fait appel à moins de capital. Elle s'appuie sur le meilleur atout du sous-continent : une main-d'œuvre très éduquée, bon marché et anglophone. La part des services dans l'économie indienne vient de dépasser les 50 %, contre 33 % en Chine. Mais l'Inde n'oublie pas de pousser ses pions dans certaines industries du futur comme la pharmacie.

Tout ralentissement économique est une menace pour l'édifice. La première priorité de tout gouvernement indien est d'obtenir 6 % de croissance annuelle, malgré la hausse du coût du pétrole et malgré le manque criant d'infrastructures modernes en routes, ports et centrales électriques. En 1998, lorsque la conjoncture chinoise s'est ralentie, le gouvernement l'a relancée en encourageant les autorités locales à élaborer de gigantesques projets d'infrastructures : immobilier, ports, parcs industriels... dont le surnombre cause aujourd'hui une surchauffe.

L'autre clé du transformisme est la création d'un secteur privé entreprenant destiné à se substituer progressivement aux conglomérats nationalisés. En Inde, le processus est plus facile parce que le secteur capitaliste était petit et que les emplois neufs sont créés dans les hautes technologies. En Chine, en revanche, il est surveillé comme le lait sur le feu. Il ne faut pas que les millions d'emplois éliminés des usines archaïques viennent s'ajouter à l'exode rural. Le contrôle semble, jusqu'ici, réussi : le taux de chômage total officiel est de 5 %, même si on le double, cela reste faible.

Le premier écueil est l'agriculture dont vivent 75 % des Indiens et 60 % des Chinois. Ici, une différence : l'Inde soutient les prix des denrées pour aider les paysans, reste du gandhisme. Elle mène aussi une politique de souveraineté alimentaire – autre reste du Mahatma – qui a bloqué le développement d'une industrie agricole moderne exportatrice, faute d'avoir mis en place des moyens de transport, des systèmes de stockage, des normes et un marché uni. Mais si les dieux de la mousson sont cléments, l'Inde a un potentiel agricole important. La Chine – reste du maoïsme – utilise un genre plus expéditif : elle maltraite ses paysans et maintient, au contraire, des prix agricoles bas pour que les ouvriers puissent se nourrir à bon marché. La classe paysanne va de plus en plus mal et elle survit grâce aux envois d'argent de ses enfants partis en ville.

Le deuxième écueil naît des inégalités. Elles se sont creusées en Inde au point de coûter les élections au parti nationaliste au pouvoir en 2004. La réussite des années récentes n'a profité qu'à la bourgeoisie, la pauvreté et la malnutrition n'ont pas diminué pour les couches sociales défavorisées. En Chine au contraire, le nombre des très pauvres, vivant avec moins de 0,66 dollar par jour, est tombé de 260 millions en 1978, au début des réformes, à 42 millions aujourd'hui. En Chine, les mentalités individualistes l'emportent, l'essentiel est de pouvoir goûter à la consommation. Les exclus attendent leur tour et, au besoin, le système policier leur apprend la patience à coups de bâton.

Si la stratégie transformiste est assez claire, sa mise en œuvre, de chaque côté de l'Himalaya, relève du chaudron : un bouillonnement qu'il faut touiller en permanence en surveillant les grumeaux. Cette cuisine est infailliblement démocratique en Inde. Elle est autoritaire en Chine, où l'accession à la richesse passe encore par le pouvoir.

L'Inde doit donner un « visage humain » à sa croissance. Elle veut investir dans l'éducation, la santé, elle devra le faire dans les secteurs exportateurs et les infrastructures. Son gouvernement est issu de coalitions, incluant des communistes qu'il faut convaincre de poursuivre les réformes libérales. L'attelage avance parfois cahin-caha. En tout cas, personne ne croit que New Delhi va renoncer à jouer ses cartes dans la mondialisation et revenir en arrière vers l'autarcie.

La Chine n'a pas de pudeur. Sa difficulté est la mise au pas des barons régionaux, enivrés d'investissements de prestige. Le pouvoir central est plus démuni qu'on le croit. Ralentir la machine comme il le faudrait, c'est-à-dire un peu, relève de la conduite sur glace. Mais personne ne pense que le gouvernement a perdu le contrôle. Pour tous les économistes occidentaux, il saura faire redescendre la croissance du pays sous les 7 %, résoudre la surchauffe et contenir les tensions.

Pour l'heure, Chine et Inde font la démonstration inverse de la Russie : le modèle transformiste tient.

NIIT Ltd. est la plus grande société indienne de formation aux nouvelles technologies. Le gouvernement de Pékin, reconnaissant son déficit d'ingénieurs en logiciels informatiques, l'a choisie pour créer 125 écoles dans 25 provinces de Chine et enseigner à 25 000 élèves par an. Le conglomérat indien Tata a, lui aussi, investi en Chine en y créant un centre de développement avec un partenaire local. En juin 2004, lors d'une visite à Pékin, le Premier ministre indien de l'époque, Atal Bihari Vajpayee, déclarait : « Les relations sino-indiennes ont pris un nouveau cours de développement de coopérations bilatérales. »

Entre les deux rivaux, les querelles de frontières laissent place au commerce. La route qui joint les deux pays en traversant l'Himalaya sera rouverte, ont décidé les autorités. Au début de novembre de la même année, les deux armées ont réalisé pour la première fois un exercice naval conjoint. Chine et Inde se retrouvent pour défendre une position commune dans les réunions de l'Organisation mondiale du commerce.

L'Inde exporte en Chine des logiciels, de la pharmacie, de l'acier. La Chine exporte en Inde des matériels électroniques et des jouets. Le commerce entre les deux géants a triplé ces trois dernières années.

Les conséquences géostratégiques de cette alliance qui se dessine entre les deux pays les plus peuplés de la terre sont incalculables. Ce rapprochement, pour l'heure commercial, n'est que la partie émergée d'une immense réorganisation économique inter-asiatique. L'Asie n'est plus une liste de pays qui, chacun de leur côté, exportent en Amérique et en Europe, l'Asie devient un continent intégré avec une économie commune dans laquelle chacun se spécialise sur ses atouts. Tous y gagnent, et si le Japon s'est soucié dans le passé de voir grossir le rival chinois, il s'en réjouit maintenant : la reprise de l'économie nippone en 2004 s'explique en grande partie par le bond de ses exportations vers la Chine, devenue son premier partenaire commercial, dépassant les Etats-Unis. Chine et Japon : si les relations diplomatiques, polluées par un lourd passé, sont froides, les relations commerciales sont chaudes.

Les exportations vers le monde occidental ont été depuis vingt ans le moteur du développement du Japon, puis des Tigres (Taïwan, Corée du Sud, Philippines, Thaïlande, Malaisie, Indonésie...), et maintenant de la Chine et de l'Inde. Elles continuent de croître vivement et pèsent 15 % du total du commerce mondial. Mais le commerce à l'intérieur de la zone asiatique progresse maintenant deux fois plus vite : de 1 % en 1975, sa part dans le commerce mondial est montée à 6,5 %.

On a une idée de la vitesse d'intégration de la région en soulignant que, dans le même temps, la part du commerce intra-européen est passée de 24 % du commerce mondial à 20 %, malgré la création du marché unique et des élargissements successifs !

Et ce marché commun asiatique qui avance beaucoup plus vite que le nôtre ne fait l'objet d'aucune grande discussion constitutionnelle ou politique, il se fait indépendamment des accrochages politiques encore nombreux entre les partenaires. Noordin Sopiee, directeur de l'Institut malaisien d'études stratégiques et internationales explique : « Les entreprises construisent l'union asiatique sans les gouvernements. C'est notre modèle. Il est inverse de celui de l'Union européenne, tiré par la politique. L'important est ici de faire les choses, pas d'en discuter. »

Le schéma de développement de chacun des pays a été le même : s'appuyer sur ses bas coûts de main-d'œuvre pour importer des composants, les assembler, puis exporter. Ensuite, au fur et à mesure que la population s'intègre dans les usines et voit son niveau de vie augmenter, passer progressivement à des produits de plus haute valeur ajoutée et laisser les ateliers de montage au pays voisin. Tel a été le plan de vol de chacune des oies asiatiques. Aujourd'hui, ce processus est remis en cause par la Chine, qui a les moyens d'être, tout à la fois, un atelier pas cher et un laboratoire high-tech. L'arrivée du géant ne va pas sans frottements. Mais l'union asiatique résiste parce que la Chine ne se substitue pas au système, elle s'y intègre. Comme le dit l'économiste du Crédit Agricole Isabelle Job : « Les produits estampillés chinois sont des produits originaires d'autres pays d'Asie qui transitent par l'empire du Milieu. Il serait plus logique de parler de produits "made in Asia" que de produits "made in China" [1]. »

Une spécialisation « verticale » se fait jour pour les automobiles comme pour les téléphones portables, chaque pays se consacrant à une opération de l'ensemble du processus de production. Le Japon reste au sommet, conçoit, fabrique les composants complexes et les délocalise dans toute l'Asie ; la Chine occupe une place de plus en plus centrale en devenant l'atelier d'assemblage final ; Singapour se veut un centre technique ; Corée et Taïwan abandonnent l'assemblage pour monter en gamme ; Malaisie ou Philippines demeurent encore des ateliers. Toute la chaîne s'imbrique de la recherche à la vente. Francis Lorentz, président

1. *Flash Eco*, Crédit Agricole, novembre 2003.

de l'Institut d'études en télécommunications (Idate) ajoute : « L'Asie est en train de devenir un nouveau centre de gravité non seulement en tant que marché ou atelier industriel mais aussi en tant que centre d'innovations [1]. »

Ce processus est pour l'heure industriel. Mais il commence à s'élargir aux marchés des services, de la banque, du tourisme, du cinéma.

L'Asie ne parvient pas à institutionnaliser ce processus d'union dans une alliance politique ou même simplement monétaire. Sa concentration autour de la Chine le rend fragile. Mais sa vitesse impressionne quand la lenteur de l'Union européenne désespère.

La TGA, la très grande alliance

« Vous m'achetez mes produits », dit la Chine. « Oui, mais financez-moi », répliquent les Etats-Unis. C'est la « TGA », la très grande alliance, des deux empires du XXIe siècle. L'accord explicite entre 1 milliard 300 millions d'individus qui se ruent vers les usines de la côte chinoise pour sortir de la misère agricole et les 280 millions les plus riches de la planète qui veulent continuer à consommer sans compter.

1. Entretien avec l'auteur.

Un jour, cela changera. Dans vingt ans, dans trente ans, les premiers en voudront à mort aux seconds de n'être que leurs ouvriers. Mais, pour l'heure, l'agriculteur loqueteux est content de fuir les rizières façon Mao, et le consommateur américain est ravi de changer de chemise, de téléviseur et, demain, de voiture pour pas cher. Tope là pour la TGA !

Les Chinois engrangent, année après année, des taux de croissance à 8 %. Les Américains se promènent entre 3 et 4,5 %. Chine et Amérique mènent le monde. La TGA n'est pas « circonstancielle mais stratégique », notait une étude de 2004 de la banque Morgan Stanley. « Elle durera longtemps », car elle institue « une zone économique commune de facto couplée à une union monétaire », bref, un lien très fort. Tandis que les nains européens se divisent, les deux géants s'associent étroitement, égoïstement, suivant leurs seuls intérêts liés, écrasant au besoin ceux des vieux pays d'Europe ou ceux du Japon.

Reprenons. L'Amérique, après l'éclatement de la bulle boursière en 2000, est tombée en récession. Pour relancer la machine, les autorités n'ont pas mégoté : baisses massives des impôts par George W. Bush, baisse massive des taux d'intérêt par Alan Greenspan, patron de la Réserve fédérale (FED). Dopée aux stéroïdes, la croissance est repartie. Cette stratégie a des conséquences qui, selon certains économistes, menacent la durabilité du rebond. En gros, leur critique consiste à dire que ce sont les étrangers qui financent cette reprise et que cela ne peut durer. Les comptes du budget fédéral sont passés d'un excédent de 3 % à un déficit de 4 %. Il faut financer ce trou. Or, parallèlement, la soif du consommateur américain a provoqué un afflux d'importations. Les firmes américaines se sont elles-mêmes délocalisées pour réimporter leurs produits à prix réduit. D'où un deuxième déficit, celui des comptes courants, qui lui ne date pas de Bush mais qui s'est creusé jusqu'à 5 % du PIB.

Ce deuxième trou signifie que les pays exportateurs aux Etats-Unis accumulent des montagnes de dollars. Et qui dit abondance dit baisse de prix : d'où le recul structurel de la monnaie américaine. La dévaluation du dollar va finir par favoriser les exportations américaines, contrebalançant les importations et réduisant ainsi le déficit courant : tel est le scénario rose adopté par la Maison Blanche. Pour l'instant, rien de tel ne se passe. Le pays semble abandonner son industrie traditionnelle à son sort et celle-ci semble de plus en plus incapable d'exporter. Mais jusqu'ici la Chine finance, alors pourquoi s'inquiéter.

Quant au trou budgétaire, pas de panique là non plus. Il se trouve que ce sont les Asiatiques qui le financent pour presque la moitié : la banque centrale du Japon achète des bons du Trésor américain par tonnes, pour éviter que le yen ne monte (trop) ; la banque centrale de Chine, aux ordres du gouvernement, acquiert ces mêmes bons du Trésor dans le cadre de la TGA, qui permet à Pékin d'ouvrir chaque jour de nouvelles usines de biens exportables aux Etats-Unis.

La baisse du dollar a été stoppée ces derniers mois, les marchés étant interrogatifs sur les conséquences de la crise constitutionnelle européenne. Mais elle reprendra. Les dettes se paient toujours. Les Européens, qui ont vu en 2003-2004 l'euro gagner 30 % sur le dollar, risquent d'en faire les frais avec les Japonais qui verront le yen monter et leurs montagnes de dollars se dévaluer.

La Chine, pour s'éviter de tels soucis monétaires, a collé sa monnaie sur le cours du dollar, s'incluant dans une union monétaire de facto avec l'Amérique, son premier client. Elle accepte une dévaluation mesurée mais estime qu'il n'est pas dans son intérêt de se décoller du dollar.

Comment mieux équilibrer la croissance mondiale ? Européens et Japonais ne trouvent pas logique de voir que ce sont eux, pays à faible croissance, qui subissent des monnaies surévaluées. Mais les Américains ont un argu-

ment de poids à faire valoir. En substance :
« Nous sommes, avec la Chine, les seules locomotives mondiales. Vous êtes incapables d'autonomie. Les reprises, chez vous, n'ont pas de
ressort interne ; elles viennent de chez nous,
de nos importations. Alors, pourquoi vouloir
ralentir les locomotives ? Tout le monde y per-
dra, y compris vous. »

L'économie éclaire le nouveau rapport de
force mondial : Etats-Unis et Chine trouvent à
s'entendre. Européens et Japonais subissent.

3

L'économique avant le social :
le test brésilien

ouvait-il faire autrement ? Ne pas privilé-
gier l'économique sur le social ? Devait-
il se consacrer uniquement aux 45 millions de pauvres que compte le Brésil ? Luiz
Inácio Lula da Silva, l'ancien syndicaliste
métallo, chef du Parti des Travailleurs (PT) élu
président de la République, faisait face à un
dilemme cornélien. Il a choisi, lui aussi, le transformisme.

A son arrivée au pouvoir, en janvier 2003, le
Brésil de Lula doit 235 milliards de dollars aux
créanciers étrangers, plus qu'aucun autre pays
du tiers-monde. En outre, les seules grandes
exportations sont faites par les firmes étrangères comme General Motors ou Volkswagen
qui ont investi 155 milliards de dollars (125
milliards d'euros) dans l'industrie du pays.

Cette double dépendance de l'étranger, cette « contrainte extérieure », a régulièrement cassé le fameux « miracle brésilien » en freinant la croissance depuis les années 1950. Dès qu'elle repart, l'argent brésilien fuit, les comptes du pays tombent dans le rouge et il faut se tourner vers les créanciers étrangers. Ce piège a été fatal à beaucoup de gouvernements.

En 2003, quand Lula arrive au pouvoir, la réputation du pays est mauvaise et les investisseurs, pour se garantir, lui font payer des intérêts prohibitifs, de 20 à 40 % ! La politique rigoureuse de son prédécesseur Fernando Henrique Cardoso depuis 1994 puis plus encore après la crise du real en 1999 a commencé à améliorer la « signature » du Brésil : le gouvernement de gauche va-t-il tout inverser ?

Fernando Henrique Cardoso voulait éviter que son pays ne retombe dans la spirale de l'inflation et de l'endettement. A chacune de ses négociations à Washington avec le Fonds monétaire international (FMI) et avec le gouvernement américain, il a emmené avec lui des experts du PT. Les responsables de ce parti mesurent peu à peu l'enjeu. Lula le comprend lui aussi et il se décide. Dès avant l'élection, il sait que la priorité devra être de rassurer les détenteurs de capitaux, pour desserrer leur étreinte. Le Brésil ne peut plus fuir dans l'autarcie, aussi grand soit-il. Il lui faut au contraire rompre avec les rêveries protectionnistes et trouver sa place dans l'économie-monde. Cela passe, en premier lieu, qu'on le veuille ou non, par un regain de la crédibilité du pays vis-à-vis des marchés financiers internationaux. Faute de cette reconquête, le gouvernement ne tiendra pas et le pays rebasculera dans ses crises éternelles. Puis, deuxième volet stratégique, fort d'une stabilité financière et monétaire, le Brésil pourra enfin s'attaquer aux faiblesses structurelles du pays, en particulier à son commerce extérieur. C'est le seul moyen pour la gauche brésilienne de rester au pouvoir et d'inscrire son action dans la durée.

Dans ce transformisme brésilien, les premiers temps sont les plus durs. La cote de popularité du président chute. Des scandales à répétition au sein du gouvernement révèlent que le PT n'est pas à l'abri du mal qu'il disait combattre : la corruption. Pendant des mois, seuls les financiers ont de quoi se réjouir : la Bourse double en 2003, la monnaie, le real, regagne 24 % et les obligations d'Etat 70 %. Mais la rigueur budgétaire fait, cette année-là, plonger l'économie en récession de 0,2 % et le mécontentement s'accumule. L'opposition dénonce le renoncement de Lula parce qu'il a chaussé les bottes de son prédécesseur Fernando Henrique Cardoso et qu'il a adopté la même politique « dictée » par le FMI. Au sein du PT, beaucoup réclament la « mudança », le changement de cap. « Je n'ai pas les pouvoirs de Dieu pour faire des miracles », se justifie péniblement le président.

Puis vient l'heure de la moisson. A l'été 2004, les indices de la croissance tournent au vert. Le Brésil profite à plein du rebond économique mondial qui hisse ses exportations de sucre, de soja, de jus d'orange, de café et de viande. Les cours mondiaux sont à la hausse. L'expansion a dépassé les 4 % en 2004, l'inflation retombe à 8 %, la dette publique revient à 56 % du PIB. Le FMI applaudit des performances brésiliennes « meilleures qu'attendu » et autorise le pays à tirer abondamment sur sa ligne de crédits. L'économie s'est remise en marche.

Rien n'est encore bien assuré et l'année 2005 est plus difficile. Mais le rebond n'est pas seulement conjoncturel, il est structurel. « Le Brésil change la nature de sa croissance, ce qui va la rendre plus durable, note la banque Morgan Stanley. La dépendance brésilienne vis-à-vis de ses exportations est remplacée rapidement par un moteur interne de croissance alimenté par des revenus croissants. » En clair, la consommation privée et l'investissement prennent le relais des traditionnelles mais trop fragiles exportations de soja et de jus d'orange. L'amélioration des salaires, les créations d'emplois et l'accès plus ouvert au crédit alimentent la demande interne.

Même constat du côté des investissements qui redémarrent parce que les entrepreneurs reprennent confiance. Le Brésil a mis en place un triple changement, selon l'économiste Jeffrey Sachs, professeur à Columbia. D'abord l'ouverture. « Le Brésil sort de sa coquille, rivalisant sur les marchés mondiaux au lieu de se protéger sur son marché national. » C'est le tournant attendu après des décennies de protectionnisme. D'où la multiplication des voyages présidentiels à l'étranger, d'un intérêt autant commercial que diplomatique.

Ensuite, l'économie du savoir. Comme la Chine ou l'Inde, le Brésil dispose de suffisamment de diplômés pour viser directement une place dans les hautes technologies. Si l'agriculture et les ressources naturelles continuent de compter dans la « spécialisation » du pays, les secteurs neufs y gagnent leur place, comme l'aéronautique. Alors que l'Amérique latine délaissait la recherche au profit des pays développés et de l'Asie, le Brésil s'est mis à investir dans ses universités et ses centres de recherche-développement. Enfin, dernier point de la liste de Jeffrey Sachs, la santé et l'éducation. Le Brésil a été le premier pays en développement à apporter une réponse à l'épidémie du sida, en garantissant un accès aux médicaments rétroviraux. Comme le taux de mortalité des jeunes est revenu de 60 pour mille en 1990 à 39 pour mille en 2001, les familles pauvres peuvent avoir moins d'enfants, ce qui allège la pression démographique du pays.

Trop d'optimisme après trop de pessimisme ? C'est possible. Le Brésil reste fragilisé par des déséquilibres fondamentaux : sa trop faible épargne intérieure le fait encore dépendre des investissements étrangers et sa trop grande propension à l'importation déséquilibre ses comptes et le fait prisonnier, encore, de l'argent étranger. Ils s'ajoutent aux mille obstacles intérieurs qui brident son développement : un marché du travail rigide, une fiscalité embrouillée, un système judiciaire obsolète et un fédéralisme qui multiplie la technocratie. Mais Lula commence à présenter un bilan solide. Le Brésil a trouvé sa place dans la mondialisation.

« *Retards* » *au développement*

L'insertion dans la mondialisation est la première clé du développement. La seconde est, à l'exception de l'énorme Chine, la démocratie. Les études de la Banque mondiale montrent clairement que la liberté et l'Etat de droit, concernant les hommes comme les affaires, sont des conditions préalables au décollage économique. L'inverse, l'idée selon laquelle il faut attendre que les populations soient assez avancées pour leur accorder le droit de vote et qu'en somme la démocratie est un luxe, se révèle fausse. Comme le dit l'économiste indien Amartya Sen, prix Nobel : « Le changement politique le plus important du XXe siècle a été l'acceptation large que la démocratie est la forme normale de gouvernement des nations. Il reste encore un scepticisme souterrain sur l'avenir de la démocratie dans les pays non occidentaux. Scepticisme qui a reçu beaucoup de renforts des événements d'Irak et qui entretient l'affirmation que la démocratie, en particulier dans sa forme occidentale, ne correspond pas aux valeurs fondamentales ailleurs, par exemple dans le monde arabe. Les militaires et les cyniques défendent cette approche qui se méprend sur la nature de la démocratie. Elle n'est pas "occidentale" ou "européenne". Offrant l'opportunité du raisonnement participatif et de la décision publique, on en trouve aussi des racines en Asie ou en Afrique[1] ».

Beaucoup de pays du monde arabe et d'Afrique ne l'ont, hélas, pas compris. Ils sont les ratés de la mondialisation.

L'échec du monde arabe

Les attentats du 11 septembre 2001, et ceux qui ont suivi, ont tourné les projecteurs vers le monde arabo-musulman. Du Pakistan au Maroc, cette partie du monde est la source première de l'insécurité. « Toutes les menaces terroristes existantes viennent de ces pays-là », selon Gareth Evans, président de l'institut belge International Crisis Group[2]. Quand le monde arabo-musulman changera-t-il pour cesser d'être « la grande menace » ?

1. *Financial Times* du 13 juin 2005.
2. Déclaration au Sommet de Davos, janvier 2003.

La réponse tient, pour partie, dans l'économie de ces régions. Leur retard de développement compte pour beaucoup dans la déception des populations, dans leur attirance pour le fondamentalisme religieux, dans leur basculement dans le djihadisme.

L'échec économique du monde arabe est désormais peu contesté, après les rapports du PNUD (Programme des Nations unies pour le développement) ou du Forum économique mondial (Davos). Malgré le pétrole, les pays arabes n'ont connu, en moyenne depuis vingt ans, qu'une croissance faible, parfois inférieure à leur fort accroissement démographique. Avec pour conséquence une baisse du revenu par tête, dont l'Arabie saoudite est le triste exemple phare. La paupérisation provoque, d'Alger à Riyad, un chômage de masse qui touche surtout les jeunes.

Le point de départ de la divergence d'évolution du monde arabe avec les autres régions en développement remonte à la fin des années 1970. « La vague de démocratisation qui a transformé la gouvernance dans la plupart des pays d'Amérique latine et d'Asie orientale dans les années 1980, en Europe centrale et dans une bonne partie de l'Asie centrale dans les années 1990, a à peine effleuré les Etats arabes », note le rapport 2002 de l'ONU sur le développement dans la région. Plutôt donc que de choisir l'ouverture politique et économique, les régimes de la région ont, au contraire, renforcé leur étatisme introverti, mélange d'un nationalisme protectionniste et d'un socialisme bureaucratique.

Sans doute faut-il faire des distinctions entre le Qatar et la Tunisie, le Yémen et l'Égypte et, surtout, entre les producteurs de pétrole et les autres. Mais cette politique du renfermement est un trait commun. Voilà un ensemble de pays qui forment une communauté culturelle forte, qui partagent une langue, qui bénéficient d'un boom démographique (76 millions d'habitants en 1950, 280 millions aujourd'hui), qui, surtout, regorgent de pétrole et qui gâchent ces divins avantages.

Au départ, pourtant, le désert fleurit. La crise pétrolière des années 1970 remplit les caisses de milliards de dollars. Les Etats devenus richissimes se mettent à dépenser sans compter sur le modèle de l'investissement public, développé par les économistes marxistes dans les années 1950. Puis, lorsque le contre-choc pétrolier assèche brutalement les recettes, à partir de 1978, la croissance plonge. C'était, sans doute, inévitable. Mais ce qui surprend est le prolongement du déclin et de la stagnation jusqu'à aujourd'hui : le PIB des 22 pays gagne en moyenne moins de 1 % par an depuis dix ans. Faute de croissance, la région entre dans une spirale négative. Comme il faudrait une expansion de plus de 5 % chaque année pour donner un travail aux générations nouvelles, le chômage gonfle dans des proportions considérables, alors même que la majorité des femmes reste largement exclue du marché du travail. La pauvreté demeure faible dans des pays où la solidarité familiale joue à fond : seulement 5 % de la population vit avec moins de 2 dollars par jour. Mais cette proportion ne régresse plus depuis vingt ans.

Globalement, les habitants de la région s'appauvrissent. Le revenu par tête recule de 1965 à 2000 en Algérie, au Koweït, en Libye, dans les Emirats. Les Saoudiens, qu'on imagine parmi les riches de la planète, sont tombés au 65e rang mondial, leur revenu par tête s'est réduit de 60 % depuis 1980 ! Les comptes publics, autre conséquence, s'affichent en rouge : l'Arabie saoudite, premier producteur de pétrole du monde, avoue une dette supérieure à son PIB ; elle exploserait les critères de Maastricht.

Les pays arabes pourraient rétorquer que chez eux, au moins, l'Etat existe, quand il manque tant ailleurs, comme en Afrique et dans nombre de pays de l'ex-URSS. Hélas, les volumineux investissements publics sont eux aussi gâchés. L'argent gouvernemental « est dérivé vers de mauvais usages », selon le rapport 2003 sur le monde arabe du Forum économique mondial de Davos. Un record de routes inutiles, de grands travaux contestables, d'équipements somptueux, d'« éléphants blancs » et de budgets militaires hypertrophiés. Plutôt que d'aider au développement économique, ces dépenses « keynésiennes » le bloquent : la productivité recule à l'exception de l'Égypte, d'Oman, de la Syrie et la Tunisie (ces pays s'en sortant, du coup, mieux que les autres). Le système hospitalier reste « médiocre ou inexistant », selon l'ONU. L'habitat est délabré. L'éducation défaillante, les efforts engagés étant indéniables (quoique différents selon les pays) mais de piètre qualité : l'enseignement est trop tourné vers la religion et trop peu vers l'apprentissage d'un travail. Quant aux meilleurs élèves, ils partent dès que possible à l'étranger, en Angleterre ou aux Etats-Unis, et n'en reviennent pas.

Même fuite pour les pétrodollars. Le capitalisme privé, contenu à la portion congrue, reste malingre et les classes dirigeantes investissent le plus qu'elles peuvent à l'étranger. Après le 11 Septembre et la montée de la suspicion américaine sur les fonds d'origine arabe, l'argent n'est pas revenu à la maison, préférant Londres, Zurich, Monaco ou les paradis fiscaux. Les réformes promises par les gouvernements sont mises en œuvre au compte-gouttes. La mentalité de défiance envers l'extérieur persiste, à l'abri de la rente du pétrole. Le monde arabe traduit au total moins de livres étrangers que la Grèce. Jadis royaume des sciences, il ne consacre que 0,6 % du PIB à la recherche-développement.

A cette faillite, source de désespérance populaire, les gouvernants surajoutent, pour se défendre, un discours qui détourne le ressentiment vers l'étranger, Israël, l'Amérique, l'Occident. Au risque d'avoir fait le lit de l'utopie islamiste.

Que faire ? Une jeune partie de la bourgeoisie espère « une renaissance arabe ». Des hommes d'affaires et des responsables ont un discours tranché : « Nous devons nous en prendre à nous-mêmes. Nous ne savons pas gérer nos pays. Nous nous complaisons à nous présenter comme victimes », notait à Davos en janvier 2004, Mohammed Alabbar, patron immobilier dans les Emirats. Chafik Gabr, homme d'affaires égyptien ajoutait : « Nous avons compris que notre manque de développement venait, tout simplement, de notre compétitivité défaillante et pas d'autre chose. » Bassem Awadallah, ministre jordanien du Plan et de la Coopération internationale, renchérissait : « Quelle liberté économique avons-nous installée ? Quelle réforme de l'éducation ? Qu'a fait la société civile pour les femmes ? »

L'intervention américaine en Irak finira-t-elle

par souffler le vent du changement ? Le débat ne semble pas tranché parmi les élites arabes entre ceux qui comptent sur « la pression » internationale et ceux qui estiment que les vraies réformes viendront de l'exaspération croissante des populations devant l'impéritie de leurs gouvernements. Le cheikh Al-Khalifa dressait, toujours à Davos, sa liste des urgences : « Libérer les marchés, installer l'Etat de droit, rétablir la justice. »

En tout cas, l'enjeu est annoncé : pour absorber les jeunes classes d'âge qui vont arriver sur le marché du travail dans les prochaines années, la région devra créer 6 millions d'emplois par an pendant quinze ans. Il faudra, pour ce faire, qu'elle obtienne une croissance moyenne de 4 % l'an. Une performance jamais atteinte dans le passé récent. Puisse la remontée du pétrole l'aider cette fois et non servir de prétexte pour retarder les réformes.

La paupérisation du continent africain

Environ 4 millions d'enfants, de femmes et d'hommes sont morts dans la République démocratique du Congo depuis dix ans à cause des guerres, et des maladies et de la malnutrition qu'elles génèrent. En 2004, le Congo a reçu 156 millions d'euros d'aides internationales, ce qui représente la moitié du budget du gouvernement de Kinshasa. Mais cette aide est détournée, gâchée ou perdue, la plupart du temps, dans les désordres d'un pays tombé dans l'anarchie.

La RDC est un exemple emblématique de l'Afrique subsaharienne soumise aux quatre cavaliers de l'Apocalypse : la Conquête, la Guerre, la Famine et la Mort. L'insécurité et les défaillances des Etats bloquent le développement, provoquent des exodes massifs, plongent les populations dans la misère. Une quinzaine de pays, le tiers du total, comme l'Ouganda ou le Mozambique, parviennent néanmoins à émerger, dopés récemment par l'augmentation de l'aide internationale et par la hausse des cours des matières premières (notamment en Afrique centrale) et agricoles (Afrique de l'Est). Ils ont obtenu une croissance moyenne de 4 %, historiquement très favorable, mais qui reste insuffisante au regard de l'augmentation de la démographie de 3 % environ. Même cette Afrique-là, celle qui malgré tout s'en sort, est « vulnérable » comme le reconnaît le rapport annuel de 2005 de l'OCDE et de la Banque africaine de développement (BAD). Leur essor reste complètement dépendant d'un accident : une sécheresse, une poussée du sida, la retombée des cours de telle ou telle matière première, ou de l'extension soudaine d'un conflit voisin.

Les guerres plongent le reste du continent noir, de la Côte-d'Ivoire au Darfour, dans la détresse. Mais pas seulement les guerres : l'absence de l'Etat de droit, la corruption, la faible éducation et, d'une façon générale, la mauvaise gouvernance enferment ces pays dans des spirales de l'impéritie et de l'horreur et privent les populations de tout espoir. Il y avait 1 600 médecins en Gambie il y a quelques années, il en reste 400 : les autres ont fui le pays comme tous ceux qui, éduqués ou riches, le peuvent. La pauvreté était au XIXe siècle associée à l'Asie, elle devient au XXIe siècle un problème africain.

Les gouvernements occidentaux portent une grande responsabilité. Ils ont fermé les yeux durant la guerre froide sur toutes les exactions et tous les manquements, ils ont encouragé les guerres internes, d'où sont sortis les bandes incontrôlées et les petits seigneurs de la guerre. Pour enrayer la spirale, une intervention est nécessaire, indispensable. Elle est aussi possible et à la portée des pays riches.

Tout n'est pas si négatif en Afrique. Le nombre de guerres civiles a reculé de 15 à 9 depuis trois ans. La démocratie progresse un peu puisque les deux tiers des pays ont connu des élections. L'Organisation de l'unité africaine (OUA) existe et s'implique en faveur de la paix, sous la houlette de l'Afrique du Sud, encore que trop timidement. Mais pour sauver l'Afrique, la première condition est d'augmenter l'aide internationale de 25 milliards de dollars d'ici à 2010, c'est-à-dire la doubler, selon les estimations du gouvernement de Tony Blair qui s'est beaucoup engagé comme président du G8 en l'été 2005. Annuler les dettes des pays les plus pauvres ne suffit pas, il leur faut de l'argent frais. « Pour les pays les plus pauvres, l'aide est tombée à moins de 3 % de leur PIB », somme bien insuffisante pour les dynamiser, note François Bourguignon, chef économiste de la Banque Mondiale [1]. Il faut espérer que les décisions prises au G8 de Gleneagles, en juillet 2005, de verser ces 25 milliards, seront suivies dans les faits. Ils représentent moins de 0,1 % du PNB des pays riches mais ils représentent le seul espoir pour des centaines de millions d'Africains.

Il faut ensuite réviser les critères de versement de l'argent, comme cela a commencé. Donner moins aux gouvernements et plus aux projets avec un suivi transparent et exigeant du bon déboursement. Il faut, surtout, que les pays du Nord cessent de casser les marchés mondiaux agricoles en versant des subventions à leurs producteurs de coton ou de betterave (sucre). L'ouverture des marchés agricoles d'Europe et d'Amérique reste la meilleure voie du dévelop-

---

1. Entretien avec l'auteur.

pement africain, ces pays n'ont guère d'autre moyen de se raccrocher à la compétition mondiale.

En Afrique, l'Europe peut agir sans attendre les Etats-Unis, conformément à ses discours de concorde et de paix universelle. A condition de se retrouver et d'avoir encore envie de jouer un rôle mondial.

DEUXIÈME PARTIE

L'Europe sort de l'Histoire

1

Le déclin assuré, sauf si...

Face à l'empire américain, seule la Chine peut espérer tenir tête. L'Europe, même élargie à l'Est, même agrandie par une collaboration avec la Russie et avec les pays de la rive sud de la Méditerranée, ne parviendra pas à enrayer son déclin. Continent vieilli, incapable de se donner les moyens d'une défense autonome, impuissante à retrouver les chemins de l'innovation, l'Europe s'endort au XXIe siècle. Retour à l'avant-révolution industrielle, direction le Moyen Age. Chirac, roi fainéant !

La prospective s'est très souvent trompée, l'exercice est périlleux. Mais il est toujours instructif. C'est ainsi qu'il faut lire le rapport de l'IFRI (Institut français de relations internationales) sur « Le commerce mondial au XXIe siècle » coordonné par Philippe Colombani[1].

1. « Chronique d'un déclin annoncé », IFRI, avril 2003.

Si les tendances lourdes se prolongent, selon cette étude, la croissance moyenne de l'Union européenne plafonne à 2,3 % l'an jusqu'en 2020, puis chute à 1,1 % entre 2020 et 2050. En conséquence, son poids dans la production totale mondiale passe de 23 % en 2000, à 21 % en 2020 et 12 % en 2050. Une division par deux de notre puissance économique et commerciale en un demi-siècle ! L'Amérique maintient grosso modo sa place tandis que l'Asie monte en puissance, la Chine en particulier. « L'Union européenne pèserait de moins en moins sur le cours de la mondialisation, résume l'IFRI, une lente mais inexorable "sortie de l'histoire" est envisageable. » Les Français et les autres Européens qui plaident pour un monde « multipolaire » et une « mondialisation équilibrée » verraient donc l'évolution de la planète leur échapper. Que l'économie mondiale demeure sous l'emprise américaine comme aujourd'hui ou qu'elle soit polarisée en faveur de l'Asie, l'Europe, sortie du jeu, n'aurait plus son mot à dire.

L'apogée européen remonte à la période se situant entre 1870 et 1914. Depuis, son rôle décline, mais lentement, et l'UE demeure encore aujourd'hui le premier pôle commercial du monde avec une part du marché mondial de près de 40 %. Ce que prédit l'IFRI est une accélération vive de ce déclin progressif, surtout à partir de 2020.

Les raisons en sont doubles, affectant les deux moteurs qui tirent la prospérité de long terme d'un pays : une démographie défaillante et une productivité du travail insuffisante. Que se passe-t-il, en effet, si l'on prolonge les courbes actuelles ? Le taux de fécondité européen (1,4 enfant par femme) reste inférieur au seuil de renouvellement (2,1) et l'immigration est trop faible pour « sortir de l'hiver démographique ». Le premier moteur est éteint, comme il l'est d'ailleurs en Russie et dans l'arc Japon-Corée. En revanche, l'Alena (Etats-Unis, Canada, Mexique) bénéficie, au rythme actuel prolongé jusqu'en 2050, d'une fécondité proche du seuil de renouvellement et d'un apport supplémentaire de près de 50 millions d'immigrés. La Chine, dans ce scénario, connaît un net vieillissement de sa population, mais l'Asie dans son ensemble continue de voir ses populations croître.

Quant au progrès technique, deuxième moteur, il bénéficie d'abord aux Etats-Unis, qui parviennent à maintenir leur hégémonie. La Chine rattrape à grands pas son retard de productivité. L'Europe réussit son élargissement à l'Est et enregistre des gains importants. Mais cela ne suffit pas, selon les calculs de l'IFRI, à compenser le recul démographique.

Les Européens demeurent donc riches (en PIB par tête). Mais, dépeuplé, le continent recule tandis que la production mondiale double d'ici à 2020 puis encore une fois entre 2020 et 2050. Le revenu moyen des Chinois grossit jusqu'à représenter 40 % de la moyenne dans l'Alena (20 % aujourd'hui).

A partir de ce scénario de référence, obtenu en prolongeant les courbes, l'étude envisage deux variantes plus positives pour l'Europe. Elles passent toutes deux par la création d'une plus vaste zone de « développement intégré » comprenant la Russie et les pays du sud de la Méditerranée ; seule solution imaginée, donc, pour résister. L'Union met en place un vaste programme pour accélérer la transformation de ces pays, y investir, former des élites scientifiques et leur permettre de combler rapidement leur retard. Dans une première variante, l'Europe engage, en parallèle, une politique démographique active et ouvre ses frontières à 30 millions d'immigrés. Dans ce cas, elle conserve une meilleure part du PIB mondial (19 % en 2050) et elle peut y associer ses partenaires russes et méditerranéens (qui comptent pour 13 %). Dans le second scénario, rien n'est accompli dans les domaines de la démographie et de l'immigration. L'UE perd de son poids (elle descend à 11 % en 2050) mais ses partenaires en gagnent (14 %).

On discutera à l'infini des hypothèses de l'étude, de ses présupposés et de la valeur de ses perspectives. Mais elle souligne de façon salutaire que le déclin est assuré si rien n'est fait :

« La tectonique du commerce international et de l'économie mondiale joue en faveur de la zone Asie-Amériques au détriment d'une Europe en perte de vitesse. » Le moyen d'y remédier passe, d'abord, par un débat sur l'immigration de long terme qui rompe avec le malthusianisme et les idéologies. L'Europe n'aura pas de meilleure croissance et ne résoudra pas ses problèmes de vieillissement (le financement des retraites) sans ouvrir ses frontières.

Le réveil de l'UE passe, ensuite, par une politique unifiée d'innovation qui la relance dans la course aux secteurs neufs, électronique et biotechnologie. C'est le second débat qui doit s'ouvrir[1] : « Des arbitrages entre dépenses sociales, agricoles et celles de défense, de recherche et d'éducation seront à effectuer », comme le souligne très justement Philippe Colombani. Le regain de puissance passe, enfin, par un « ancrage Europe-Russie-Méditerranée », qui associe le tropisme des Allemands vers l'Est et celui des Français vers le Sud, au lieu de les présenter comme contradictoires. Les discussions avec la Russie et la Turquie deviennent dans cette optique des éléments clés du troisième débat à ouvrir pour dessiner un éventuel « resurgimiento » européen.

1. Voir chapitre 2.

2

Une croissance anémique

« **A**némique », c'est le terme employé par Pedro Solbes, l'ex-commissaire européen aux Affaires économiques, pour qualifier la santé de l'économie de l'Union européenne. Le décalage avec les Etats-Unis s'est creusé et le « gap » atteint désormais près de deux points de croissance chaque année. Nous faisons 2 % quand ils font 4 %, ou 1 % lorsqu'ils descendent à 3 %. Voilà maintenant plus de dix ans que l'Amérique court devant. Quelles que soient les circonstances, sous le démocrate Clinton ou le républicain Bush, avec un boom de l'Internet ou son crash, avec la paix ou la guerre... année après année, le décrochage se confirme. Pourquoi ?

Un « cahier » du Cercle des économistes[1] essaie de donner des réponses, elles ne sont pas

----

1. Ed. Descartes & Cie, juillet 2004.

rassurantes. Considérations microéconomiques et macroéconomiques rivalisent pour dépeindre une Europe qui semble s'échiner contre sa propre croissance. « L'espoir de parvenir à un taux de 3 % à moyen terme pour l'Union est désormais vain », déplore Pierre Jacquet, économiste en chef de l'Agence française pour le développement. Il explique : « La réalisation du Marché unique n'a pas produit les bienfaits annoncés. La monnaie unique devait accélérer la concurrence, et donc l'efficacité européenne, mais les résultats se font attendre. » Non seulement la croissance « potentielle » s'est rétractée mais l'Europe a de plus en plus de mal à atteindre ce potentiel théorique : depuis 1979, l'écart par rapport à celui-ci est de 1,3 % en France, 0,8 % en Allemagne et 0,8 % pour la zone euro.

Il y a, selon ces économistes, trois raisons à ce déficit. La première est l'absence de politique économique commune. « Les pays membres réagissent en ordre dispersé aux chocs, résume Pierre Jacquet, la politique économique de la zone, qui résulte d'une politique monétaire commune et de quinze politiques budgétaires décentralisées, n'existe que par défaut et n'est, par conséquent, ni active, ni réactive, ni même aisément formulable (...) faute d'une doctrine partagée. »

Le deuxième handicap est le grave retard en

matière de recherche et d'innovation. Encore équilibrée en 1980, la balance des échanges technologiques avec les Etats-Unis s'est effondrée dans les années 1990. Les investissements de productivité des Européens, souligne Patrick Artus, économiste en chef de la banque Ixis, sont insuffisants. Ils représentent plus de la moitié des dépenses des firmes aux Etats-Unis, contre seulement 20 % en France et en Allemagne, et 10 % en Espagne. « Par un libéralisme mal compris », les Quinze refusent l'injection d'argent public dans les entreprises technologiques et la construction d'infrastructures publiques à fort contenu innovant.

En résumé, l'Europe n'investit plus, « c'est pourquoi elle est incapable de jouer le rôle de locomotive mondiale lorsque la croissance américaine ralentit ».

Troisième mauvais choix : la lutte contre le chômage s'est faite dans les années 90 en ralentissant les gains de productivité c'est-à-dire en pénalisant la croissance elle-même. Jean Pisani-Ferry, directeur de l'institut bruxellois Bruegel et professeur d'économie à l'université Paris-Dauphine, résume : « la contrepartie d'un niveau plus élevé de sécurité de l'emploi est une progression ralentie de la productivité. Notre préférence pour la sécurité se paie ainsi d'un décrochage tendanciel de notre revenu[1]. »

1. Cahier du Cercle des économistes, *op. cit.*

Répétons-le : il n'y a que deux façons et deux seules d'assurer une meilleure prospérité. La première est la démographie : mettre plus de monde au travail. Elle concerne les politiques d'immigration et les politiques d'emploi. La seconde est la productivité : faire que tout le monde travaille mieux. Cette deuxième piste, l'Europe la refuse.

Contrairement à un sentiment largement partagé, les Européens, les Français en particulier, croient qu'ils travaillent moins (les 35 heures) mais mieux que les Américains, plus rapidement, plus efficacement, plus intelligemment bien sûr. C'est un mythe. Les Etats-Unis ont des gains de productivité accélérés depuis le milieu des années 1990, l'Europe ralentit au contraire et, entre les deux rives de l'Atlantique, l'écart se creuse désormais d'un bon point par an à leur profit.

C'est une rupture historique de tendance. A la fin de la Deuxième Guerre mondiale, les Etats-Unis ont une avance considérable. La productivité par tête des Allemands, des Français ou des Italiens ne représente que 50 % ou 70 % de celle des Américains. Mais ensuite, le rattrapage a été uniforme et rapide, seuls les Britanniques ayant un rythme lent. La productivité française rejoint le niveau américain vers 1990 et c'est bien ce qui permet, alors, de réduire les heures travaillées.

Or depuis 1995, inversion des courbes : les Américains s'échappent. Leurs gains de productivité sont remontés de 1,4 % l'an à 2,4 % alors que, dans le même temps, les nôtres sont tombés de 2,7 % dans les années 1980 à 1,5 % dans les années 1990, et à 0,88 % entre 1995 et 2002. Une division par quatre.

Comment l'expliquer ? Il paraît désormais établi que l'une des causes principales vient des « TIC », les technologies de l'information et de la communication. L'importance prise par ce secteur aux Etats-Unis explique la moitié du regain de la productivité de ce pays, selon une étude de Gilbert Cette, Yusuf Kocoglu et Jacques Mairesse[1]. Le neuf (informatique, télécoms, audiovisuel), qui est plus productif, remplace l'ancien (mécanique, chimie, banques), qui l'est moins, d'où une élévation mathématique de la moyenne. Le phénomène s'observe dans tous les pays où la production de TIC a pris une part importante du PIB : Etats-Unis, Japon, Corée, Irlande, Suède. Ces secteurs ne représentent globalement que 3 % du PIB européen contre 10 % du PIB américain. Parmi les 25 sites Internet les plus fréquentés au monde, les Etats-Unis en comptent 11, la Chine 7, la Corée 6, le Japon 1, l'Union européenne... zéro !

1. Banque de France, janvier 2004.

L'autre moitié du regain de la productivité américaine vient aussi des puces mais par une voie indirecte : la diffusion des ordinateurs permet de meilleures organisations du travail. Après avoir tant tardé à porter des fruits (en 1987, le Prix Nobel Robert Solow se plaignait, à juste raison, du manque d'effet mesurable de cette « révolution » informatique sur la productivité), les TIC paient. Les auteurs parlent d'un effet « spillover » de Microsoft sur General Motors : le fait d'être gros producteur d'informatique aide à sa diffusion utile dans le reste de l'économie américaine. Ce passage s'effectuant, notamment, par les hommes qui quittent, par exemple, Microsoft pour GM.

La faiblesse de l'Europe dans les industries des hautes technologies la pénalise donc doublement.

3

La question des réformes

'autre grande cause du mal européen est l'absence de « réformes structurelles ». Les « réformes » en question ne se résument pas à la caricature paralysante qu'on en fait en France autour de la remise en cause du « modèle social ». L'enjeu est beaucoup plus vaste. Il s'agit d'augmenter le dynamisme de long terme des économies européennes (la croissance dite « potentielle ») pour faire face, d'une part au vieillissement de la population, et d'autre part à la compétition mondiale de l'Amérique et de l'Asie.

La liste des efforts à faire comprend une relance de la recherche-développement pour prendre une meilleure place dans l'économie du savoir du XXIe siècle ; un meilleur fonctionnement des marchés européens pour abaisser les prix par la concurrence ; et, en effet, des modifications du marché du travail non pour « casser » le code du travail, mais pour augmenter le taux d'emploi. Cette liste est connue depuis le Sommet européen de Lisbonne en 2000 et ses objectifs ne font l'objet d'aucune véritable contestation. Tout le monde est grosso modo d'accord pour dire que c'est ce qu'il faut faire pour sortir l'Europe de sa léthargie.

Mais les gouvernements européens n'ont pas avancé dans la mise en œuvre. En France, le gouvernement de Jean-Pierre Raffarin ne s'est attaqué qu'à une seule réforme, celle des retraites, dont il n'a résolu qu'un tiers du problème. En Allemagne, le chancelier Schröder a attendu 2004 pour agir. En Italie, le discours berlusconesque remplace l'action. Après le repli brutal de la conjoncture mondiale en 2001 à la suite de l'explosion de la bulle Internet aux Etats-Unis, les hommes politiques du continent européen ont différé les réformes parce que, peu courageux, ils attendaient un retour de la croissance pour les faire passer dans l'opinion.

Le résultat de cet attentisme a été catastrophique. Faute d'avoir engagé les changements nécessaires, ils ont affaibli le dynamisme de l'économie européenne qui, désormais, rate tous les trains de la reprise mondiale. La croissance, qu'ils attendaient pour agir, ne vient plus. Non seulement le « potentiel » de la zone euro est affaibli, mais de surcroît son économie est devenue moins « résiliente », comme le constate Jean-Philippe Cotis, le chef économiste de l'OCDE, c'est-à-dire moins résistante aux chocs américains[1]. Les pays d'Europe continentale sont devenus structurellement faibles et conjoncturellement fragiles. Depuis 2000, les reprises avortent et les performances sont systématiquement décevantes. Le trio France-Allemagne-Italie avance à une vitesse inférieure de 3 points à la moyenne de l'économie mondiale. La Grande-Bretagne, l'Espagne ou les pays scandinaves profitent beaucoup plus des vents portants qui soufflent d'Amérique.

« Pas de réformes sans croissance », avaient estimé Jacques Chirac et ses confrères. « Pas de croissance sans réforme », a répondu l'Histoire. Aujourd'hui, chaque pays souffre à la fois de ses propres faiblesses et de celles des autres. Tout pousse au pire : le chômage pèse sur le moral et fait pression sur les salaires, qui sont tirés à la baisse. Les revenus rétrécis affaiblissent la consommation. L'Union est entrée dans un dilemme : comment engager des « réformes » qui favorisent l'offre (accroître le dynamisme) quand l'Europe commence à souffrir d'une demande insuffisante (les salaires et la consommation) ?

La plus grave conséquence est qu'avec une croissance potentielle qui s'amenuise, il devient

1. Conférence de presse, mai 2005.

de plus en plus difficile aux « vieux » pays européens de financer leur système social. Le simple vieillissement de la population augmente les retraites et les dépenses de santé. Voilà donc in fine que pour avoir refusé d'engager les réformes au nom de la défense du « modèle social » européen, les gouvernements ont creusé sa tombe !

4

Les multinationales
cherchent leur salut ailleurs

L'entrée économique des pays de l'Est européen dans l'Union a précédé leur entrée institutionnelle à la mi-2004. Les industriels avaient anticipé l'élargissement depuis longtemps. Dès sa perspective connue, il y a dix ans, les grandes multinationales, européennes et américaines ont poussé leurs pions. Pour Mercedes, Aventis, Agfa ou Siemens, les pays d'Europe centrale et orientale (PECO) représentent un double intérêt : un marché neuf à conquérir et un espace de production à meilleur coût.

Les salaires des Dix n'atteignent encore que 15 % de la moyenne de ceux pratiqués dans les Quinze au taux de change actuel, et 25 % en parité de pouvoir d'achat (corrigé par le coût du panier de la ménagère, plus élevé à l'Ouest qu'à l'Est). Se délocaliser à l'Est allait permettre de servir plus facilement les 74 millions de nouveaux consommateurs et de réexporter vers l'Ouest sans problème de frontière ou de taxe.

Tous les géants européens se sont donc tournés vers Prague et Varsovie dans les années 1990. On estime à 100 milliards d'euros leurs investissements réalisés dans les PECO pour bâtir de nouvelles usines de textile, de mécanique, d'informatique ou d'agroalimentaire mais aussi pour racheter des firmes, à l'occasion des privatisations. Après les grandes multinationales, des entreprises moyennes ont commencé à se délocaliser.

La première phase de ce grand mouvement de délocalisation s'est achevée vers 2002. Depuis, les usines des multinationales tournent et les Dix exportent de 70 % à 80 % de leurs productions vers l'Union. Dès 2003, le plein était fait. Les investissements étrangers dans les dix pays adhérents sont divisés par deux : de 5 % du produit intérieur brut (PIB) de ces pays, en 2002, ils sont passés à 2,5 % environ. Ce reflux spectaculaire signifie que l'effet de délocalisation massive vers l'Est des emplois peu qualifiés de l'Ouest est achevé, ou presque. D'un point de vue industriel, l'intégration est terminée.

Les grandes firmes ont engrangé les « bénéfices » espérés de l'élargissement. Mais loin de l'eldorado espéré, l'Europe de l'Est n'a présenté qu'un attrait limité. La croissance y est correcte – 4 % en moyenne dans les années 1990, contre 2,5 % dans l'Union. Mais la démographie n'y est pas florissante.

Le regard des grands groupes s'est vite porté au-delà de l'Europe, vers les marchés autrement « porteurs » d'Asie ou d'Amérique. Pourquoi investir plus en République tchèque si c'est pour exporter en Allemagne ou en France, où les marchés sont saturés ? Pourquoi ne pas voir plus loin ? En Inde, en Chine, au Brésil ? Où les salaires sont bien moindres et où une fraction croissante de la population, enrichie par la mondialisation, est aussi bonne consommatrice que nos classes bourgeoises ?

Les grands groupes britanniques, français, allemands ont fini de s'européaniser. Ils s'américanisent et, de plus en plus, « s'asiatisent ». Ils ont ainsi, depuis dix ans, divorcé de leur base nationale. Et s'ils y conservent leur siège pour profiter de la douceur de nos climats, leurs intérêts sont ailleurs.

La part de la France dans le chiffre d'affaires des groupes du CAC 40 est descendue à un tiers environ : à 15 % pour Alcatel, 21 % pour Axa. Et l'Europe, elle-même, ne représente plus qu'une grosse moitié de l'activité de ces entreprises : 65 % pour Accor, 55 % pour Air Liquide, 50 % pour Alcatel, 27 % pour Aventis, 49 % pour L'Oréal, 55 % pour Total.

Le « hors d'Europe » comptera bientôt plus que l'Europe, Ouest et Est réunis. Les dynamiques Etats-Unis sont autrement attirants : ils sont devenus le « marché phare », selon la terminologie marketing, d'Alcatel, LVMH, Sanofi, Aventis, Sodexho, Thomson, etc. La tendance ne peut que se renforcer : plus la technologie est complexe, plus la « déseuropéanisation » s'accentue. Le Vieux Continent ne pèse plus que 31 % dans le chiffre d'affaires de Thomson, 29 % pour STMicroelectronic.

Le déracinement des multinationales européennes se traduit dans l'emploi. Les effectifs en France des firmes du CAC 40 ont stagné ces cinq dernières années, alors que, hors de France, ils ont crû de 1,2 million. Le capital de ces firmes « européennes » s'est aussi internationalisé : les non-résidents (en clair, les fonds de pension anglo-saxons) contrôlent 40 % des titres des firmes françaises cotées, 21 % des allemandes, 35 % des britanniques.

« L'Europe, on n'en a rien à cirer », pourraient dire ces firmes, en retournant la phrase d'Edith Cresson parlant de la Bourse. Une affirmation fausse, bien entendu. Les racines nationales et européennes des grands groupes restent profondes, financières, économiques, culturelles et affectives. Mais il faut être lucide : leurs regards et leurs investissements se portent hors d'Europe.

5

Éviter le délitement

Au lendemain du vote « non » des Français au référendum sur la Constitution européenne, le 29 mai 2005, l'éditorialiste du *Financial Times*, Martin Wolf, s'amusait : « La perfide Albion a encore gagné ! » Et se réjouissant de ce que le non français remettait la Grande-Bretagne au centre du jeu alors qu'elle était menacée de marginalisation depuis la création de l'euro, il concluait : « Vive la France ! » L'hebdomadaire *The Economist*, allait plus loin : le non a tué, expliquait-il, « le rêve d'une forte intégration politique », cette idée d'un Europe « unie de manière sans cesse plus étroite », selon la fameuse phrase du traité de Rome de 1957. L'Union, poursuivait *The Economist*, « doit prendre la direction d'un club plus lâche, moins fédéraliste et plus décentralisé. Le vote français et néerlandais évacue aussi sûrement la création d'un noyau dur de quelques pays qui iraient plus vite que les autres vers une union politique ».

A la menace de déclin économique, l'échec du projet de Constitution est venu ajouter l'incertitude politique. L'avenir le plus probable est que la construction cinquantenaire s'arrête là, pour une grosse dizaine d'années au moins. Le processus d'intégration institutionnelle ne repartira, s'il repart, que lorsque le pouvoir sera pris par de nouvelles générations d'hommes politiques européens, capables de hisser leur pays au-delà des contingences nationales.

Mais encore faudra-t-il, entre-temps, éviter le délitement morceau par morceau. Ce sera objectivement difficile, car les forces de la déconstruction sont maintenant lourdement armées dans un contexte mondial favorable au retour des nationalismes.

George Bush ne fait rien pour corriger l'égoïsme des Etats-Unis, qui pompent l'essentiel de l'épargne mondiale pour alimenter une consommation effrénée. L'arrivée de la Chine et de l'Inde change la dimension des flux et la nature des problèmes de la mondialisation. Les rivalités Sud-Sud dans l'agriculture et le textile, les deux secteurs essentiels pour le monde en développement, ajoutent à la confusion. L'économie mondiale avance dans un déséquilibre croissant. La volonté coopérative s'émousse partout. Le multilatéralisme est mis en doute.

L'arme monétaire est sortie aux Etats-Unis, en Chine, en Asie du Sud-Est. L'Europe, elle, ne s'est pas donné les moyens de l'utiliser, au contraire puisque la Banque centrale européenne (BCE) l'interdit. Du coup, les pays européens à croissance molle et réticents à corriger leurs archaïsmes structurels seront de plus en plus tentés par le protectionnisme.

D'autant, et c'est l'autre grande force de la déconstruction européenne, que les tirages économiques entre les pays membres s'accroissent désormais. L'Europe avançait en misant sur la convergence des conditions de vie de ses peuples, mais, depuis quelque temps, elles divergent. Les chemins se séparent politiquement, les votes le prouvent, mais aussi économiquement, les chiffres l'attestent.

Taux de croissance, taux d'inflation, productivité (les « fondamentaux »), devaient naturellement s'harmoniser sous l'effet intégrateur du marché. Tel était le pari du projet de Jean Monnet, dans les années 1950, de faire l'Europe en « passant par l'économie ». Ce long processus devait s'accélérer avec la création de l'euro, force unificatrice démultipliée, et déboucher, « par nécessité », sur l'union politique. Hélas, ce schéma est mis en échec. L'euro n'engendre pas l'union politique et il devient de plus en plus difficile à la BCE de tenir avec une seule monnaie douze pays aux « fondamentaux » qui partent dans tous les sens, tandis que les gouvernements relâchent les vannes budgétaires les uns après les autres.

L'hypothèse optimiste est que les dix ans qui viennent, pendant lesquels la construction s'arrêtera, seront mis à profit par chaque pays membre pour faire ses devoirs à la maison. Une fois les réformes faites, on peut espérer que les conditions de la croissance seront meilleures et que le moral retrouvé des opinions rendra possible un redémarrage européen. Mais quel échec ! Car cela signifie que les pays vont se priver d'une part de la synergie européenne, de ce pour quoi l'Union a été créée, de ce collectif qui survalorise l'addition des pays. C'est un grave échec des économistes que de n'avoir pas démontré aux opinions, et de ce fait aux hommes politiques, que la sortie de la crise ne passait pas par une renationalisation des politiques mais, au contraire, par une accélération de l'intégration. C'est un revirement. Le « passage par l'économie » de Jean Monnet a-t-il tant exaspéré les peuples qu'il est bouché et qu'il faille l'abandonner ? Je ne le pense pas. Je reste persuadé que l'erreur ne vient pas d'un « trop d'économie » en Europe, elle vient du mauvais politique.

6

L'échec de
« l'Europe à la française »

L'Europe « anglaise » a gagné. La fin du processus d'intégration politique, conséquence du vote non à la Constitution européenne, réduit l'Union à une grande zone commerciale. Le rêve d'une Europe « à la française », et d'une Europe qui se décrivait comme « sociale », a vécu.

Il suffit d'ouvrir les yeux. Le « modèle social français » fait consensus à l'intérieur des frontières. Droite et gauche conduisent depuis trente ans une politique sociale similaire, aux nuances près. Mais à l'extérieur, il rencontre des critiques unanimes, même des sarcasmes. La France « sociale », c'est un taux de chômage de 10 % qui frappe particulièrement les jeunes, une incapacité devenue explosive à intégrer les populations immigrées, un Etat obèse menacé d'impuissance qui vit d'une fiscalité record. Il n'y a guère que les Français, bien peu lucides sur eux-mêmes, pour voir un modèle dans ces piètres résultats et croire encore qu'ils peuvent en tenter d'autres...

La France a perdu aussi la bataille des idées. Sur la question de l'optimum social européen, « deux doctrines s'affrontent », explique l'économiste Michel Aglietta[1]. « Celle de la mise en concurrence des systèmes sociaux, Bruxelles s'en tenant à la définition de grandes normes, et celle, fédéraliste, qui veut mettre de grands objectifs en commun. » La première renvoie la question sociale aux nations, estimant, selon le principe de subsidiarité, qu'elle est mieux traitée à ce niveau-là. La seconde affirme au contraire que se hisser au niveau communautaire apporte un gain, à condition, bien entendu, de disposer d'une instance politique capable de définir et de légitimer lesdits objectifs communs au niveau des Vingt-Cinq. L'Europe des nations à l'anglaise ou l'« Europe-puissance » à la française.

La logique britannique est celle de « l'ordre concurrentiel », précise Jean Pisani-Ferry[2]. Elle « tente d'organiser une compétition mutuelle entre les pays afin d'en dégager des effets béné-

1. Entretien avec l'auteur.
2. *Sociétal*, décembre 2003.

fiques. La concurrence entre Etats n'est pas vue comme une érosion de leur souveraineté mais comme un ordre naturel et une discipline salutaire qui force chacun à mieux mobiliser ses forces pour faire émerger les solutions les plus performantes ». La compétition est bonne, y compris entre les nations !

L'argument français repose, lui, sur la taille : dans la mondialisation, le « social » ne peut plus se défendre au niveau d'un pays et il faut passer à l'échelle d'un continent. Il faut réguler le marché du travail à l'échelle du marché des biens, au niveau des vingt-cinq pays. Pas de social dans un seul pays, disent en somme les Français.

Cette conception, la France n'est jamais parvenue à la faire partager par ses partenaires. Elle est utopique car elle imposerait un centralisme que tous refusent et que Paris jugerait lui-même sûrement insupportable s'il devait être appliqué. C'est toujours le même goût français pour des solutions « idéales » mais sans rapport avec les réalités. Jamais personne n'a d'ailleurs vraiment ni théorisé ni étudié sérieusement en France cette idée d'Europe sociale. Elle est restée au stade politique, au niveau du « il n'y a qu'à », au rayon des slogans. Comment espérer battre les Anglais avec des clichés ?

L'idée française se fracasse vite sur les faits. La Suède, petit pays de neuf millions d'habitants, affiche de bien meilleurs résultats sociaux que la France. Ni sa taille, ni le principe de subsidiarité, ne l'ont empêchée de maintenir un taux de chômage moitié moindre de celui de la France et de conserver, en les réformant, ses généreux systèmes d'éducation, de santé et de retraite. Autrement dit, le social au niveau d'un seul pays est un principe non seulement possible mais efficace.

Les Français répondent qu'en tendance, le système « anglais » pousse au dumping social : le pays qui offre aux entreprises les coûts sociaux les plus bas attire les usines des autres, entraînant tout le monde dans une logique vers le bas. L'Europe « à l'anglaise » est ainsi responsable des délocalisations et, finalement, du chômage. Cette vision, qui est inspirée directement par les mouvements antimondialisation, est archi-majoritaire en France et elle est inscrite dans la panoplie idéologique de tous les partis. Mais elle est, elle aussi, contraire aux réalités : les délocalisations ne représentent que 5 % des suppressions d'emplois et les différentiels de coûts en Europe ne peuvent pas être accusés d'être les responsables du chômage. L'emploi qui part compte peu par rapport à l'emploi qui meurt sur place (à la suite de faillites ou de contrats non renouvelés) ou qui ne se crée pas sur place. Quant à l'inéluctabilité du dumping, à la descente vers le bas du « toujours moins de social », elle ne correspond pas non plus à la situation historique : la Grande-Bretagne n'a pas engagé une politique de baisse de ses salaires. Au contraire, ils y montent plus franchement qu'en France !

Je ne partage pas la vision britannique d'une Europe a minima. Tout au contraire. Mais il faut reconnaître que concernant le social, dans l'Union telle qu'elle s'est construite, la thèse « anglaise » est tout simplement plus étayée que la « française ». C'est au niveau national que le social se construit et se sauvegarde le mieux, en correspondance étroite avec les institutions locales, les conventions historiques, les habitudes de travail et le type de production.

Dès lors, l'appel à une « Europe sociale » a été un faux message d'espoir passé aux salariés, une duperie et, au fond, une esquive. Les insuffisances sociales françaises – à commencer par le taux élevé du chômage – relèvent de l'incurie des gouvernements français successifs et non pas du bouc émissaire bruxellois. Il serait plus que temps que cesse le faux jeu du « c'est la faute à l'Europe » et que les responsabilités reviennent au niveau national.

On découvrirait alors la cause du mal : le système social français reste accroché à l'époque dépassée du keynésianisme, des « trente glorieuses » et du « fordisme ». Il ne s'est pas adapté au nouveau capitalisme, né de la libéralisation financière et de la mondialisation, qui a besoin d'encourager les mouvements de destruction/création « schumpétérienne » des entreprises et des emplois. La France sécurise encore les postiers quand il faudrait mettre l'argent « social » sur l'industrie de la connaissance, les jeunes beurs et les mères célibataires. Réformé, notre modèle pourrait alors intéresser d'autres pays et on pourrait reparler d'Europe sociale.

TROISIÈME PARTIE

La France aveugle

1

L'inanité de la politique
économique de M. Chirac

IL FAUDRA DIRE et redire que notre classe politique doit être tenue pour responsable de l'état lamentable de la France. Par sa petitesse, par sa cécité, par ses mensonges, par sa lâcheté. Elle n'a jamais fait la pédagogie du monde nouveau, croyant et laissant croire qu'on pouvait s'en protéger, couper aux efforts, préserver le statu quo et les « acquis ».

Cette politique de défausse porte un nom depuis vingt ans : le ni-ni. Ni libéralisme ni socialisme. François Mitterrand l'avait conceptualisée pour battre Jacques Chirac lors de l'élection présidentielle de 1988. Jacques Chirac l'a faite sienne parce qu'elle est électoralement gagnante. Le ni-ni permet de jouer sur les deux tableaux, de ne pas choisir, de différer.

Vingt ans de ni-ni ont eu deux dramatiques

conséquences. La première est d'avoir ralenti l'adaptation de la France au moment où le monde accélérait. Aujourd'hui, 1,3 milliard de Chinois et 1 milliard d'Indiens entrent dans le jeu l'estomac vide. Ils viennent bousculer nos façons de vivre, de travailler, de voir le monde, sans que nous nous soyons préparés. Les révolutions informatique et biotechnologique obligent, par ailleurs, à tout revoir dans nos usines, nos laboratoires et notre enseignement. Le vieillissement de nos populations, enfin, pose un lourd problème à nos systèmes de soins, nos retraites et à notre dynamisme.

La seconde grave erreur du ni-ni a été de politiser toutes les réformes en opposant le « social » et le « libéral » au lieu de les porter sur le terrain de l'efficacité. Pour les politiques d'emploi ou de lutte contre la pauvreté, par exemple, on sait aujourd'hui que les considérations « de droite » ou « de gauche » sont inopérantes face aux analyses sur les frontières entre travail et non-travail, sur les politiques d'aides et sur leurs effets de seuil. De vieux débats pseudo-politiques ont égaré le pays loin des nouvelles réalités mondiales et sociales.

Aujourd'hui, le ni-ni a débouché sur le et-et : et les impôts et le chômage. La France a les prélèvements fiscaux de la Suède et le chômage des pays de l'Est. Echec sur les deux tableaux. La

France a 10 % de chômage. La France a 11 % de pauvres. La France a 1 million d'enfants pauvres, 3 millions de personnes sans soins, 2,6 millions de personnes qui ont besoin d'une aide alimentaire. Un Français sur cinq n'a aucune formation : que peut-il espérer face aux coûts chinois ?

Le plus criminel pour nos responsables politiques est qu'ils savent très bien, à gauche comme à droite, ce qu'il faut faire. Ce ne sont ni les diagnostics (les placards débordent de bons rapports) ni les remèdes qui manquent. Les solutions sont connues et elles sont soutenues par la très grosse majorité des économistes, une fois exclus les néocommunistes qui rêvent de fermeture des frontières et de nationalisations générales. « La stratégie de politique économique nécessaire est assez consensuelle », résumait Patrick Artus de la banque Ixis dans une interview au *Monde* (18 mai 2005).

De quoi s'agit-il ? D'accélérer, non pas vers le libéralisme ou à rebours, mais vers le haut de gamme ! La France et l'Europe doivent enfin se donner les moyens de participer aux hautes technologies, à leur fabrication et à leur diffusion. L'Hexagone doit dare-dare respécialiser son industrie, encore orientée vers les marchés des années 1970 (l'Allemagne et les pays pétroliers). Cela passe par un effort massif de recherche-développement financé par l'Etat mais aussi par les entreprises qui ne devraient plus s'en dispenser. Celles-ci doivent en échange imposer le seul critère de gestion de la recherche qui vaille : l'excellence. En parallèle, le « paquet » doit être mis sur l'enseignement supérieur avec la concurrence au niveau européen comme principe.

Sur le front intérieur, il faut lever tous les obstacles à la création d'emplois dans les secteurs protégés et admettre que les plombiers polonais sont les bienvenus puisqu'on n'en trouve pas en France ! Il faut, poursuit Patrick Artus, abaisser les impôts qui font l'objet d'une concurrence fiscale. Se lamenter contre le dumping irlandais ou letton n'y changera rien, autant en tirer le bénéfice de forcer l'administration à faire des gains de productivité.

Cette politique destinée à rehausser la croissance du pays peut dans un premier temps être douloureuse et déflationniste, admettent les économistes. D'où la nécessité d'abaisser les impôts et les charges pour compenser son effet négatif sur les ménages.

Mieux vaut donc engager les réformes en début de mandat politique. Gerhard Schröder a payé pour avoir trop tardé mais il a eu le courage d'aller aux urnes. Jacques Chirac atteint le summum d'être critiqué pour une politique qu'il ne mène même pas ! Et, fauteur du non à la Constitution, il a fait payer ses atermoiements à l'Europe.

Le paysage mondial est connu, la façon d'y insérer la France aussi. Mais rien n'a été fait par le président français qu'attendre. La situation nationale est devenue objectivement pathétique. Le chômage est remonté au-dessus des 10 %. La croissance française, qui était supérieure à la moyenne européenne grâce aux efforts des Français durant les années de « désinflation compétitive » avant l'euro, est repassée en dessous. Tous les avantages de compétitivité, vis-à-vis de l'Allemagne notamment, sont maintenant gâchés.

Le commerce extérieur de la France, excédentaire dans les années 1990, accuse un déficit faute d'avoir respécialisé son industrie. Son inflation est remontée dans la moyenne européenne. Le budget est en rouge : l'Etat français dépense 25 % de plus que ses recettes chaque année. La génération Chirac laissera à ses enfants une dette montée de 57 % à 66 % du PIB en trois ans. Tous les économistes révisent à la baisse le potentiel de croissance du pays à 1,8 %, niveau qui ne permet plus d'espérer quoi que ce soit sur le front du chômage.

La France est dans l'impasse. Bloquant le projet de Constitution, elle essaie d'exporter à l'Europe la seule chose qui lui soit propre : son génie de l'échec. Il faudra bien dire la vérité : le monde est dur, il remet en cause les acquis, d'autres pays s'en sortent, il faut s'adapter vite et arrêter de se mentir.

2

L'échec français contre le chômage

L e plus grave des échecs français est le chômage. Le taux des sans-emploi reste collé autour des 10 % depuis plus de vingt ans. Comme désemparés devant le fléau et les dégâts qu'il cause dans l'opinion et lors des élections, les gouvernements alignent promesses après promesses, s'engageant les uns après les autres à en faire « une priorité nationale ».

La conjoncture fluctue, le chômage reste. En 2001, 2002 et 2003, le ralentissement de la croissance a allongé les files de l'ANPE. En 2004, l'expansion honorable, de 2,4 %, n'a pas permis de les raccourcir. En 2005, avec une croissance qui va descendre vers 1,6 %, l'économie française ne peut pas espérer d'amélioration.

La réalité est simple à énoncer : la France a la plus mauvaise politique de l'emploi des pays développés. Le bilan pour des hommes politiques est une honte. Un Français sur dix est sans emploi. Une famille monoparentale sur quatre est sans emploi. Les plus touchés sont les plus fragiles, et d'abord les jeunes (un sur trois chez les moins de 21 ans). La durée du chômage est double de celle des autres pays du G7.

« Les comparaisons internationales indiquent que la majorité de nos voisins réussissent bien mieux que nous, il n'est pas étonnant que le sentiment d'insécurité sociale soit le plus fort en France », résument les économistes Pierre Cahuc et Francis Kramarz[1].

La démonstration de cet échec national est maintenant faite par une série d'études d'économistes de tous bords. L'OCDE, qui le dit depuis longtemps, n'est plus seule. La France se trompe sur le fond comme sur le détail. Elle se trompe sur le fond puisqu'elle considère que l'emploi est une petite chose fragile et que l'Etat doit intervenir pour « aider, protéger, faire partager ».

Elle se trompe dans le détail puisque les politiques publiques, animées par les bons senti-

1. « De la précarité à la mobilité », rapport au ministre de l'Economie et de l'Emploi, décembre 2004.

ments, aboutissent systématiquement à des effets pervers qui, bilan fait, sont plus néfastes qu'utiles à la cause de l'emploi.

L'exemple le plus clair a été donné par l'Insee sur la fameuse « contribution Delalande [1] ». En 1987, les pouvoirs publics, alarmés par les comportements des entreprises qui se débarrassent massivement des salariés âgés, ont imposé une taxe pour tout licenciement d'un travailleur de plus de 55 ans. Que s'est-il passé ? D'abord, le dispositif n'a pas eu d'effet mesurable sur les départs des « vieux », a calculé l'Insee. Taxe inefficace donc. Pis : il est certain, en revanche, que le dispositif a poussé les entreprises à ne plus embaucher des gens de 50 ans sous prétexte que, cinq ans plus tard, ils seront devenus coûteux à faire partir. Ce phénomène d'« effet pervers » est général : dans une société moderne, les dispositifs publics provoquent des anticipations des agents dont le résultat est souvent d'inverser le résultat recherché, de positif en négatif.

Venons-en au détail. La première des politiques de lutte contre le chômage mises en œuvre en France depuis le « début » du chômage de masse, à la fin des années 1970, a été de restreindre l'offre de travail. Moins de demandeurs d'emploi, moins de chômeurs ! On

1. *Economie et statistique*, n° 372, 2005.

a dissuadé les jeunes et les vieux de travailler. Avec réussite (le taux d'emploi des moins de 25 ans et des plus de 55 ans est l'un des plus bas de l'OCDE).

Mais l'effet sur le chômage, on le mesure maintenant, a été négatif. L'argent public mis dans les préretraites aurait été mieux utilisé s'il avait été consacré, par exemple, à trouver du travail aux jeunes. On le mesure au fait que les pays qui ont fait disparaître ces dispositifs malthusiens ont vu, depuis, leur chômage baisser[1]. On comprend, trente ans plus tard, qu'il faut encourager l'emploi, et non pas le décourager. Plus il y a de demande de travail plus il y aura d'offre, les demandeurs créant, en somme, leur propre travail.

Le deuxième volet porte sur les stimulations de la demande de travail : les « emplois aidés » pour les jeunes ou pour les non-qualifiés. Certaines de ces politiques (les contrats emploi-solidarité et autres emplois-jeunes) ont un résultat médiocre, les entreprises embauchent pour toucher les aides par « effet d'aubaine », et puis ciao ! D'autres ont été plus efficaces, comme les baisses de cotisations de charges patronales mises en place depuis 1993, qui auraient créé entre 200 000 et 500 000

1. *Going for Growth, Economic Policy Reform*, OCDE, 2005.

emplois[1]. Mais, d'une part, leur coût pour les finances publiques est devenu très élevé et, d'autre part, elles ont pour conséquence d'abaisser la productivité globale de l'économie, ce qui est néfaste. Aujourd'hui, il faudrait avoir le courage de pousser la productivité (comme aux Etats-Unis) et non plus le contraire.

Un troisième volet concerne la réduction du temps de travail. Les 35 heures auraient créé 300 000 emplois. Mais le débat sur leur efficacité globale n'est pas clos, même parmi les économistes, à cause du coût budgétaire très élevé de la mesure et à cause de ses effets secondaires qui dépendent beaucoup des tailles et des secteurs des entreprises. En outre, le problème du financement des retraites impose plutôt de travailler plus que de travailler moins.

Dernier volet de la panoplie : les réformes du marché du travail. « C'est le parent pauvre des politiques d'emplois en France », résument les auteurs du livre *Politique économique*[2]. Or c'est là qu'il eût fallu agir, c'est là que la France se trompe le plus. Elle a opté pour une stratégie qui consiste, expliquent MM. Cahuc et Kramarz, « à faire une part importante aux CDD,

1. « Direction de la prévision », dans *Productivité et croissance*, rapport du Conseil d'analyse économique, 15 juin 2004.
2. *Politique économique*, De Bœck, 2004.

à protéger les emplois existants et à peu accompagner les chômeurs à la recherche d'emploi ». Il faudrait faire exactement l'inverse : moins protéger les emplois, mieux protéger les personnes. Ce serait non seulement plus efficace, mais aussi plus juste.

Le gouvernement de Dominique de Villepin a indiqué qu'il voulait défendre le « modèle français » mais acceptait de regarder les expériences étrangères. Un nouveau ni-ni. On espère qu'un jour les pouvoirs publics auront une humilité dans les références et un courage dans l'action. La seule ligne possible en matière d'emploi devrait être celle du demi-tour toute.

3

Cachez ce rapport
que je ne saurais voir

C'était devenu systématique : dès qu'Er-
nest-Antoine Seillière disait qu'il était
d'accord avec une mesure quelconque,
une idée, une réforme, ladite mesure, idée,
réforme était qualifiée de « politique du
Medef » par la gauche et abandonnée par le
gouvernement dans les deux jours. SMIC, droit
du licenciement, impôt sur la fortune... : l'ancien président du patronat desservait les causes
qu'il défendait.

Tel a été le cas, à l'automne 2004, pour l'important rapport de Michel Camdessus [1] sur la
croissance française, remis au ministre des
Finances de l'époque, Nicolas Sarkozy. M. Seillière ayant dit qu'il y avait « énormément de

---

1. *Le Sursaut, vers une nouvelle croissance pour la
France*, La documentation française.

similitudes » entre ses propres revendications et les conclusions du rapport, la gauche, ça n'a pas manqué, y a vu « la panoplie libérale ». Le gouvernement de Jean-Pierre Raffarin l'a donc remisé illico. Le plus comique est que, dans le même temps qu'il le dédaignait, le gouvernement déclarait qu'il appliquait déjà les recommandations du document, au mépris de toute réalité.

Que le débat économique soit de piètre qualité en France est assez habituel. Qu'il n'ait plus lieu du tout est devenu alarmant. A elle seule, cette paralysie de la réflexion aurait mérité « le sursaut » auquel nous invitait Michel Camdessus...

Une « panoplie libérale », le rapport Camdessus ? Le dire était insulter le groupe de travail de vingt personnalités réunies par l'ancien directeur général du Fonds monétaire international, qui comprenait Louis Gallois, président de la SNCF et ancien directeur de cabinet de Jean-Pierre Chevènement, ou Martin Hirsch, président d'Emmaüs... Le dire était mal connaître Michel Camdessus, dont l'inspiration est bien plus chrétienne que libérale.

Le dire était, surtout, ne pas avoir lu le rapport. Est-il « libéral » de réaffirmer que le chômage reste la plaie principale de la France ? Que cela prive d'avenir les jeunes les moins qualifiés ? Qu'il faut taxer les entreprises qui licencient ? Qu'il faut développer la participation des salariés ? Qu'il faut limiter les rémunérations des hauts dirigeants ? Qu'il faut aider au développement de la vie associative ?

Le débat économico-politique est bloqué en France depuis les grèves de 1995, dont on ne dira jamais assez le mal qu'elles ont fait. Car elles ont installé toute discussion dans la caricature d'extrémistes : « vraie » gauche d'un côté, contre droite « néolibérale » de l'autre.

Le rapport Camdessus, justement, se veut une de ces tentatives, comme il y en a plusieurs, d'échapper enfin à ces mythes et de revenir à la réalité plate et bête : le libéralisme a parfois du bon, parfois du mauvais, le social a des vertus comme des excès, distinguons, nuançons. Le rapport taxé de « libéral » souligne, à chacun de ses chapitres, que la France doit retrouver « une circularité positive entre efficacité économique et progrès social », et que la lenteur des réformes s'explique par l'absence ou la mauvaise qualité du dialogue social, exception française dont il faut se défaire.

Pipeau ! a répondu la CGT, craignant un jeu de dupes : « Donnez-moi, aujourd'hui, du libéral et je vous donnerai, demain, du social. » L'objection n'est pas sans valeur dans un monde où le rapport de forces entre capital et travail est très inégal. Mais, précisément, Michel Camdessus proposait « une méthode de la réforme » qui assure que les gains en sont toujours partagés, condition sine qua non. Méthode appuyée sur l'expérimentation, l'évaluation des conséquences sociales de toute décision, la révision tous les cinq ans. Autant de moyens pour remettre à jour utilement le « contrat social ». On peut être sceptique. Mais on ne peut pas dire non avant d'essayer, sauf à être immobiliste.

L'un des autres intérêts du rapport est de dire, froidement, le coût de ces immobilismes. Si, sur le social, la droite manque de sincérité, la gauche manque cruellement de lucidité. Le modèle social français est devenu inégalitaire et il se délite faute d'adaptation. Chômage, inégalités, pauvreté : la France se classe parmi les plus mauvais pays en Europe alors qu'elle a les impôts parmi les plus élevés. Notre système social, qui date des années 1960, n'est plus adapté.

Exemple : « Chaque jour, environ 27 000 personnes quittent leur emploi. Sur ces 27 000 departs, seuls 540 correspondent à des licenciements économiques, tandis que près de 14 300 sont liés à des fins de contrat à durée déterminée. Or, l'ensemble du dispositif de la protection de l'emploi est centré sur les 540 licenciements et il fait peu de cas des autres pertes d'emplois. » Ce dispositif hypocrite reflète « une stratégie de défense des emplois existants, plutôt qu'une stratégie de défense de l'emploi en général. »

Quelle devrait être la politique française ? Plus de technologie, plus d'investissement, plus d'emploi. Rompre avec la croyance qu'il y a peu de travail et qu'il faut le partager. A l'inverse, « chercher systématiquement une hausse de l'activité » pour les jeunes, pour les seniors et pour les femmes, et « préférer l'emploi à l'assistance ».

Le rapport développe une série de mesures pour fluidifier le marché du travail et pour replacer les protections sur les plus fragiles. Il propose de supprimer les CDI et les CDD au profit d'un contrat de travail intermédiaire avec lequel le salarié gagne des droits au fil du temps. Plus il acquiert de l'ancienneté, plus ils sont élevés. L'inspiration en est-elle libérale ? Sans doute, mais il faut noter que la nécessité de « travailler plus » rallie aujourd'hui une majorité d'économistes de tous bords et que le travail était, il y a peu, une valeur de gauche... L'important est d'examiner le détail. Comme il est de regarder le reste des propositions concernant le comblement de notre retard dans l'« économie de la connaissance » et l'ouverture large des services à la personne. Il serait possible de créer dans ces deux secteurs, respectivement, 500 000 et 2 millions d'emplois très qualifiés et peu qualifiés : était-ce être libéral que de vouloir en débattre ?

4

Quels emplois pour nos enfants dans la France de 2025 ?

Que fabriquera encore la France dans vingt ans ? Quels produits, quels services, quels emplois ? En 2004, le gouvernement s'est mis soudainement à reparler de « politique industrielle », concept déconsidéré depuis quinze ans et subrepticement sorti de la poussière. Nicolas Sarkozy, lorsqu'il était ministre des Finances, a invoqué le « volontarisme », un autre mot banni du vocabulaire politique. C'est qu'une angoisse a comme saisi les dirigeants : si les Etats-Unis trustent la high-tech, si la Chine prend l'essentiel de l'industrie et si, découverte récente, l'Inde prend les services délocalisables, ne nous restera-t-il que le tourisme, la cuisine et les musées ?

Le débat n'est pas réservé à la France. Aux Etats-Unis, la campagne pour l'élection présidentielle de l'automne 2004 a tourné autour de l'« out-sourcing », autrement dit des délocalisations des entreprises et de ce qu'il faut faire pour les retenir. En Allemagne, le chancelier se plaint régulièrement de l'application bornée faite par les commissaires européens de la politique de la concurrence qui, selon lui, mettent à mal l'industrie allemande. La Commission renvoie sur ce thème la balle aux Etats en leur rappelant qu'au Sommet de Lisbonne, en 2000, les pays membres se sont engagés à faire de l'Union européenne « l'économie la plus compétitive et la plus dynamique du monde en 2010 » mais que, depuis, les chefs d'Etat et de gouvernement n'ont fait preuve que d'inconséquence.

Pour revenir à la France, les signes d'inquiétude se sont multipliés à partir de 2003. Le premier, qui a marqué les esprits, a été l'OPA réussie du canadien Alcan sur le groupe d'aluminium Pechiney. La France dispose, héritage étrange du pompidolisme et des nationalisations industrielles plutôt réussies, de beaucoup de grandes entreprises bien classées à l'échelle mondiale. Elle en détient un nombre sans doute supérieur à celui auquel elle pourrait prétendre au regard de sa puissance économique globale.

Ces géants structurent le paysage productif en attirant des milliers de sous-traitants, des centres de recherche, de design, employant des hautes qualifications, payant impôts et taxes. Pour la

France qui souffre d'un trop faible nombre de PMI et d'un trop lent renouvellement de son tissu industriel, la présence de ces « champions » sur son sol est archi-fondamentale.

Jusqu'ici, malgré les hauts et les bas, ces groupes ont tenu leur rang. Mais pour combien de temps ? Le décalage se creuse entre la réussite de ces champions et les piètres performances du pays[1]. Soit, ils vont finir par être affaiblis, soit ils vont partir. La perte de Pechiney a dans ce contexte sonné comme un réveil. Elle a souligné combien était défaillante la mobilisation du capital national pour l'industrie, faute de ces fonds de pension que la France ne crée pas parce qu'ils symbolisent le nouveau capital financier et qu'il sont pour cela politiquement tabous. L'effondrement en 2004 d'un autre champion national, Alstom, est venu renforcer ce mauvais sentiment de fragilité. Deux de chute. A quand les suivants ? La mobilisation contre l'OPA éventuelle de PepsiCo sur Danone à l'été 2005 a prouvé combien la question des « champions » était devenue centrale dans le climat national et combien, en même temps, était contradictoire une protection politique alors que ces mêmes champions multiplient les acquisitions à l'étranger.

L'autre grand motif de crainte pour l'industrie

1. Voir IIe partie, chapitre 4.

française est né des statistiques : la France a eu beaucoup de mal durant tout le XXe siècle à équilibrer ses comptes extérieurs. Elle y est parvenue grâce à son intégration dans l'Europe, couplée avec la politique dite de « désinflation compétitive » qui a accroché le franc au mark et a donné un avantage de coût par rapport au grand voisin. L'objet central de cette bataille a été l'européanisation de nos productions, en bref, la conquête du marché allemand. Mais aujourd'hui, le plein est fait. Les marchés de nos partenaires sont d'ailleurs saturés et les consommateurs de l'avenir sont ceux d'Amérique ou d'Asie.

Or, depuis cinq ans, nous perdons des parts sur ces marchés les plus dynamiques. Pourquoi ? Par une sorte d'effritement généralisé : nos banques sont là-bas trop frileuses, nos efforts manquent de persévérance, la nouvelle génération des cadres français est réticente à s'expatrier, les aides publiques sont « illisibles », nous accueillons trop peu d'étudiants des régions émergentes, etc.

Le troisième élément d'inquiétude fait le lien : la France a une spécialisation qui collait à la conquête des marchés allemand et moyen-orientaux mais qui correspond beaucoup moins bien aux zones en croissance du XXIe siècle. La seule industrie de haute technologie conquise depuis vingt ans est l'aéronautique civile, secteur où un « come back » de Boeing est à prévoir. La France n'est jamais parvenue à reprendre pied dans l'ensemble de la « filière électronique » qui va du silicium aux médias. La France voit régresser ses parts du marché mondial des médicaments (– 1,7 % de 1986 à 2000, selon une étude de l'institut Rexecode) et sa faiblesse dans la recherche en biologie génétique est une menace de mort.

La recherche constitue le quatrième sujet de préoccupation, sans aucun doute le plus grave. La contestation des chercheurs à propos du budget 2005 a sonné l'alarme d'une perte de substance intellectuelle accélérée du pays.

Pour tous ces motifs, faut-il renouer avec la politique industrielle ? La période rappelle celle des débats de 1981 et il faut se souvenir que le « volontarisme » porte trop souvent sur son ventre la mamelle de la sottise nationaliste. Mais une « respécialisation de la France » est indispensable. Comment ?

Un fructueux débat s'est ouvert avec le rapport de Jean-Louis Beffa, PDG de Saint-Gobain, remis fin 2004 au président de la République. M. Beffa propose de relancer des « grands programmes », comme dans les années 1960 et 1970. Cofinancés par l'Etat et par des grands groupes « pilotes », entraînant un réseau de PMI, ils permettraient de construire des « pôles de compétences » dans les industries du futur.

Pour l'économiste Robert Boyer, membre de la commission Beffa, il n'y a pas de modèle unique de capitalisme et chaque pays doit trouver sa voie propre, en fonction de son génie national. Plutôt que de regarder vers les Etats-Unis, la France ferait bien de s'inspirer du Japon. Le rebond économique nippon s'explique par le réarmement technologique des grandes firmes industrielles, explique Robert Boyer[1]. « Elles ont intégré qu'il leur fallait innover ou périr, elles ont appris à se coordonner entre elles, elles savent faire appel à l'Etat pour financer les recherches très avancées. » Ce nouveau modèle japonais correspond, poursuit Boyer, au génie français. Depuis Colbert, la France a su marier l'Etat, ses grands « corps » de fonctionnaires et les « champions ». Arrêtons de croire naïvement aux seules vertus du marché, recommençons ce que nous savions faire et que nous n'aurions jamais dû abandonner.

Ces arguments ont du poids. Le rêve d'importer en France le modèle américain d'innovation par les PMI (les inventeurs dans leur garage créateurs d'Apple ou de Microsoft) s'est soldé par un échec : les PMI naissent mais elles ne parviennent pas à devenir grandes pour des raisons multiples et difficiles à corriger. Alors pourquoi pas un retour de l'Etat ?

1. Entretien avec l'auteur.

On acquiescerait très volontiers, n'étaient trois hésitations.

1) Le renouveau des groupes industriels nippons semble plus provenir de l'adoption des dures méthodes américaines de gestion – regardez le redressement de Nissan sous la férule de Renault et de son PDG Carlos Ghosn ! – que du secours de l'argent du gouvernement.

2) Dans les « grands programmes » des années 1970, l'Etat n'était pas que financier, il était client. Les projets TGV, nucléaire ou téléphone s'appuyaient sur « un grand plan d'équipement territorial », comme le rappelle Elie Cohen[1], économiste critique du rapport Beffa. Aujourd'hui, ce chaînon manque. « L'Etat n'est plus le Maître Jacques mais le catalyseur », plaide néanmoins le rapport : son aide permettra au groupe industriel de travailler sur des projets de long terme que, seul, il devrait abandonner parce que trop risqués. Soit. Mais ce rôle soulève mille questions : Comment décider des domaines à aider ? En quoi l'Etat est-il bon juge ? Si le projet de long terme s'avère un choix judicieux, le groupe n'aurait-il pas dû y investir de lui-même de toute façon ?

3) Venons-en au fond. La nouvelle « politique industrielle » se veut une rupture avec la caractéristique principale du capitalisme

1. Entretien avec l'auteur.

moderne du divorce entre le capital et les territoires, entre les multinationales et les Etats-nations. Le capital est libre d'aller et venir, la nation collée au sol, par définition. Dans la grande bagarre de la mondialisation, la France était parvenue à maintenir en vie un bon nombre de « champions ». La liste du CAC 40 est flatteuse, on y trouve beaucoup de groupes en solide position de numéro 1 ou numéro 2 mondial. Mais qu'en sera-t-il demain ? L'intérêt objectif d'un L'Oréal est la Chine plus que la France. La Chine où se trouvent 1,3 milliard de clients et des ingénieurs pas chers. Rien n'assure que nos « champions » ne délocaliseront pas intégralement leurs labos et leurs usines aux Etats-Unis et en Chine dans vingt ans, ne gardant de la France que son image de luxe.

« L'objectif est de les retenir », répond Robert Boyer. Bien. Mais on peut se demander si l'intérêt de la France n'est pas plutôt d'attirer sur son sol des capitaux neufs, qu'importe leur nationalité, plutôt que de retenir des « Français » qui n'auront un jour plus rien de français que leur nom. Le retard de la France dans la recherche n'est pas dû à l'Etat qui paie sa part mais à l'insuffisance des efforts privés. Faut subventionner nos champions ? D'accord ! Mais à la condition qu'ils promettent en retour des emplois, des salaires, des labos, des impôts.

5

L'Élysée-Châtelet

———

Alors que le monde bouge de façon accélérée, qu'il est urgent d'agir, la politique française est tout absorbée par ses petites considérations. Mieux vaut parfois rire de ce vaudeville. Avant les élections régionales du printemps 2004 qui avait monopolisé l'attention de la classe politique durant des mois, j'avais, à cette fin, imaginé cette saynète, que je reproduis ici parce qu'elle éclaire et symbolise l'ensemble du quinquennat de Jacques Chirac.

Nous sommes salle des colonnes de l'Assemblée nationale.

« Vous avez vu, monsieur le député UMP, que la croissance française est devenue anémique ? Nous risquons de devenir le boulet de l'Europe. Le gouvernement ne semble pas avoir pris conscience de la gravité de notre situation...

— Mais si, mais si. Mais bon, la reprise américaine arrive. Et elle est forte. Elle va nous porter. Tout le plan du gouvernement est bâti là-dessus.

— Mais justement, monsieur le député, beaucoup d'économistes s'inquiètent. Nous pourrions la rater, cette reprise. Il est déjà sûr que nous n'en profiterons qu'un peu et tardivement à cause des problèmes structurels accumulés.

— Ah ça, c'est bien vrai ! La faute aux socialistes. Tenez, prenez les 35 heures. Vous avez entendu nos critiques ? Radicales, nos critiques ! Cette RTT a dévalorisé la valeur travail. Sans elle, nous n'aurions pas de tels déficits, pas de conflit avec Bruxelles sur les critères de Maastricht et pas de perte de compétitivité. Nous n'aurions pas ce débat sur le thème du "déclin de la France" !

— Mais, après avoir fait chorus pour rendre les 35 heures responsables de tous les maux de notre économie, le gouvernement a annoncé, finalement, qu'on allait les garder. Est-ce cohérent ?

— Non, pas vraiment. Mais c'est Chirac.

— Comment ça, Chirac ? ?

— Ben... (silence)

— Il trouve qu'elles sont populaires, les 35 heures, et il ne veut pas affronter l'opinion, même s'il considère qu'elles coulent la France. C'est ça ?

— Oui. Enfin, non. On va essayer d'alléger le dispositif. Mais (il regarde autour de lui)... plus tard.

— Pourquoi ?

— Vous le savez bien, pourquoi ! Les régionales sont dans quatre mois.

— Les régionales ? C'est si important pour la France, les régionales ? Comme pour la Sécurité sociale, alors, toutes les réformes sont renvoyées après ? Vous avez peur que le PS gagne ?

— Le PS ? Ha, ha, ha ! (fou rire) Ha, ha, ha ! Vous avez vu son état, au PS ? Vous avez vu comme on lui pousse l'extrême gauche dans les pattes ?

— Vous avez peur du FN alors ? Il se nourrit des "inquiétudes sociales". Vous pensez que si vous faites des réformes indispensables mais douloureuses, Le Pen va gagner des voix ? Mais si c'était le contraire ? Si le vote FN venait de petites gens fragilisées par la mondialisation et mal défendues par un Etat-providence qui date du fordisme et des années 1960 ? Si les réformes structurelles devaient justement repositionner l'Etat pour mieux défendre les CDD, les intérimaires, les déqualifiés, les paumés ?

— Mais bien sûr ! C'est ce qu'il faut faire ! On est tous d'accord.

— Alors ?

— Après les régionales.

— Vous avez vu aussi que, pour la première fois, nos exportations reculent. Celles de nos partenaires européens continuent d'augmenter malgré le ralentissement, les nôtres perdent plus de 6 %.

— C'est très inquiétant.

— Je ne vous le fais pas dire. La baisse du dollar nous affecte plus que les autres, mais, en plus, nous souffrons d'une mauvaise adaptation géographique et sectorielle de nos ventes. Dans les années récentes, on a beaucoup compté, par exemple, sur nos exportations d'automobiles, mais désormais les constructeurs délocalisent toutes leurs nouvelles usines. Il faudrait s'en soucier. Redonner du tonus aux investissements.

— Vous avez parfaitement raison. Mais aider les entreprises... n'est pas très bien vu. Vous comprenez qu'on hésite.

— Mais pourquoi, puisque vous jugez nécessaire cette politique ?

— Il y a les régionales, vous dis-je !

— Vous avez vu aussi que la consommation des ménages a brusquement fléchi cet été, pour la première fois depuis 1996. Les causes en sont le chômage qui monte, les prix et la faiblesse de la progression des revenus nets. On peut craindre, dans ce climat, que les annonces fiscales du gouvernement n'encouragent pas les ménages à la dépense. Un jour, il baisse les impôts, le lendemain, il hausse les taxes, tout ça sous l'œil de Bruxelles, mécontent des défi cits. La France sera sanctionnée.

— On s'en fiche, l'amende ne sera pas chère 80 millions d'euros.

— Peut-être. Mais pourquoi ne pas dire clai rement que les promesses de baisses d'impôts sont abandonnées ? Il vaut toujours mieux annoncer la couleur pour permettre à chacun de prévoir et installer un climat de confiance Le gouvernement a fait l'inverse.

— Il fallait que le budget affiche des baisses d'impôts.

— Pour les régionales ?

— ...

— Je commence à comprendre. Parlons de la réforme de l'Etat. La seule manière de réduire notre déficit budgétaire est de réduire les dépenses. Et cela passe par une redéfinition des missions de l'Etat et une réduction des effectifs de la fonction publique. L'occasion était don née par les vagues d'importants départs en retraite, mais vous y avez renoncé, pour la deuxième année de suite.

— Vous devinez pourquoi.

— Je crois.

— Dites, monsieur le député, je voudrais que vous m'expliquiez la position de la France sur le multilatéralisme après l'échec de l'OMC à

Cancún. Et quelle est sa position face à la montée en puissance de la Chine et de sa monnaie sous-évaluée ? Et dans le monde arabe, dites-moi, comment profiter économiquement de notre position diplomatique. Et sur l'Europe, je...

— Non, non. Excusez-moi. Mais je n'ai plus le temps. J'ai une réunion hyper-importante là...

— Sur les régionales ? »

(Le député s'enfuit au trot.)

6

La victoire
des néocommunistes

L'Amérique a connu ça au début des années 1990. A la fin du mandat de Bush père, les analystes évoquent les victimes de la crise qui sont devenues « politically homeless » (sans parti fixe). Les salaires ouvriers régressent. Les inégalités ont doublé depuis vingt ans. Les licenciements de restructuration (« downsizing ») se multiplient dans les entreprises. Wall Street (l'économie) et Main Street (la société) ne conduisent plus au même endroit. Le populiste d'extrême droite Pat Buchanan essaie, avec son talent de tribun, d'emporter les primaires républicaines de 1992. C'est finalement le démocrate Bill Clinton qui gagnera avec pour slogan : « Jobs ! Jobs ! Jobs ! »

Bill Clinton réussira au-delà des espoirs. Des

emplois sont créés par millions. L'économie américaine trouve un chemin vertueux, les salaires repartent vers le haut. Tout n'est pas si rose, la société ressemble aux marchés financiers : les forces de la croissance sont celles de l'insécurité. La richesse va avec la peine. Dans la nouvelle dynamique, il n'est pas bon de n'avoir aucun diplôme ou aucun savoir-faire. Mais l'économie va tellement bien qu'elle résout le problème. Et puis, aux Etats-Unis, l'absence de protection motive.

Lionel Jospin en 1995, avait la même politique que Bill Clinton : l'intégration passe par le retour à l'emploi. Priorité à la croissance et à la lutte contre le chômage. La stratégie aura été couronnée de succès : 1,8 million d'emplois créés en cinq ans, une moisson historique.

Bill Clinton a été réélu. Tony Blair en Grande-Bretagne gagnera trois fois. Lionel Jospin a été battu. Pourquoi le premier ministre français s'est-il fracassé contre le mur électoral en 2002 ? Il y a beaucoup d'explications possibles à cet échec.

La première tient à la fausse conversion de la gauche gouvernante qui continue de faire croire qu'elle veut « corriger le capitalisme » et revenir aux bonheurs des « trente glorieuses » : emplois stables, salaires croissants. En refusant d'assumer sa politique clintonienne d'adaptation, le Parti socialiste français continue d'affirmer officiellement qu'il « résiste » à la mondialisation. Comme s'il n'avait toujours pas refermé « la parenthèse de 1983 », lorsque François Mitterrand a choisi pour la France le destin de l'Europe, malgré ses contraintes, et qu'il a décidé de se rallier à une politique de rigueur. Comme si une « vraie » gauche allait un jour, revenue aux affaires, pouvoir s'affranchir des comptes et des contraintes ! En alimentant en permanence la flamme d'une « autre politique » qui serait possible, la gauche rend les Français ou furieux ou désespérés. Elle prépare le terrain des extrêmes, qui ont beau jeu de dénoncer la supercherie et, dans l'opposition, de proposer des « véritables » politiques alternatives de gauche. La gauche mollétiste, qui s'oppose à gauche et gouverne au centre, est une tromperie qui n'est plus possible avec un électorat éduqué, informé et impatient du XXIe siècle. La gauche doit dire ce qu'elle fait et faire ce qu'elle dit. Pareil pour la droite, en vérité. Sitôt Chirac élu en 1995 sur le thème de « la fracture sociale », son gouvernement, mené par Alain Juppé, est bien forcé – les prétendues contraintes européennes encore ! – de rétablir la rigueur et d'engager des réformes. La politique des faux-semblants est la cause du malaise de la France et de son immobilité.

La seconde raison est plus complexe. Elle tient à la fragilisation de l'emploi non pas de certaines catégories (la classe exploitée) mais de toutes. L'économiste Eric Maurin souligne la montée dans tous les métiers des risques de perdre sa place[1]. Il réfute l'analyse en termes de classes, en soulignant que, avec l'avènement d'une économie de services, c'est la nature même des emplois qui se modifie. Le travail fait appel à chacun « comme une personne à part entière et de moins en moins comme une unité élémentaire de production, de moins en moins comme un travailleur ou une travailleuse ».

La transformation est fondamentale, car elle accroît l'efficacité économique mais elle isole et efface peu à peu toutes les références de l'individu à une catégorie sociale. Surtout, elle renvoie chacun à ses propres difficultés et soumet chacun au jugement, de lui et des autres, de « ses propres limites personnelles ». Voilà le nœud : ceux qui peinent sont mis devant « leur souffrance d'être une personne limitée ». Cet isolement est le revers des gains d'autonomie et de liberté. Tout le drame du capitalisme moderne est là. Ne pas le voir, maintenir des analyses avec les classes sociales d'hier, est manquer la réalité d'aujourd'hui et maintenir aiguës les souffrances.

Pour Eric Maurin, il faut redéfinir les poli-

---

1. Eric Maurin, *L'Egalité des possibles*, Ed. du Seuil, 2005.

tiques sociales pour lutter moins contre les inégalités de fait que contre les inégalités des
potentiels de chacun. Un combat pour la formation et pour l'intégration à mener pas seulement à l'école mais partout, sur le terrain.

Le message est central. A la droite, il dit que
le discours sur l'autonomie de l'individu ren-
voyé à sa liberté et à ses responsabilités ne suffit
pas. Le tenir est pousser les plus démunis vers
l'extrême droite. A la gauche de la gauche, il
déclare que reprendre la lutte des classes est à
côté de la vérité. A la gauche moderne, il
affirme que la création d'emplois ne suffit pas,
loin de là, et qu'il lui faut se préoccuper des
inégalités des potentiels, bref tout revoir de ses
préceptes.

Cette analyse est lumineuse. Mais elle ne
passe pas, pas encore, en France. Il est difficile
de faire entendre qu'il faut donner une absolue
priorité à la croissance et qu'il faut en parallèle
repositionner l'éducation et plus largement
l'Etat-providence. Le monde neuf heurte tellement le « modèle français », étatiste, statutaire,
que l'utopie est entretenue d'un retour en
arrière, ou au minimum d'un possible frein
pour conserver des pans du fordisme. Cette
politique débouche, on l'a vu, sur le pire : elle
met au chômage les plus fragiles, sans ralentir
les licenciements économiques des salariés. Elle
appauvrit les premiers et ment aux seconds.

Elle fait grimper les prélèvements sociaux toujours plus haut, spirale pénalisante pour l'économie et inefficace pour le social.

Mais les corporatismes ont beau jeu. Depuis 1995, date de la grève des cheminots contre les réformes des retraites, les syndicats du secteur public ont réussi à faire croire qu'ils sont le fer de lance de la « résistance » et qu'ils luttent « pour les salariés du privé qui n'ont pas, comme eux, un rapport de forces favorable ». L'opinion mal éclairée et désemparée croit cette imposture de la « grève par procuration », comme les sondages sur la question le montrent. Les Français se font-ils vraiment « avoir » par ces incantations dépassées ? Sans doute pas, au fond. Mais ils se prêtent au jeu de la nostalgie et cela suffit. Les corporatismes sont alors assez forts pour être menaçants et Jacques Chirac leur cède.

En décembre 1995, pendant cette fameuse grève des cheminots contre le changement de leur régime de retraite, juste avant les fêtes de fin d'année, le président de la République a forcé son ministre des Transports de l'époque, Bernard Pons, à abandonner la réforme. « Bernard, les trains rouleront à Noël », a dicté le président. Cette phrase est devenue mythique chez les cheminots : ils pensent avoir remporté « une victoire contre le libéralisme ».

7

Éloge de Tony Blair

Tony Blair est le premier leader travailliste élu trois fois de suite au poste de Premier Ministre de Sa Majesté. En France, on retient l'image du « caniche » de George Bush empressé de le suivre dans le désert irakien pourchasser Saddam Hussein et on préfère ne pas se demander pourquoi il a été réélu dans un fauteuil.

Tony Blair dérange de ce côté de la Manche. A droite, son succès met en relief les échecs des gouvernements de Jacques Chirac. A gauche, la croissance, la baisse du chômage, la forte hausse du SMIC, sont volontairement cachées pour ne pas voir que la « troisième voie » est un succès. Le voir obligerait à admettre que, face à la mondialisation, la stratégie blairiste ou clintonienne de l'« adaptation », combattue radicalement en France au profit de la stratégie de la « résistance », est la bonne. Pour la gauche, sous l'emprise intellectuelle de la gauche de la gauche, Blair ne peut pas réussir. Impossible. Interdit. Fermez les yeux !

Ce qui se passe outre-Manche est pourtant instructif pour la droite comme pour la gauche françaises. La Grande-Bretagne ne jouit d'aucune faveur divine. Elle n'a pas plus de facilités que la France face à la mondialisation. Hormis son pétrole qui s'épuise, elle en aurait naturellement plutôt moins. L'adaptation n'est en aucune manière facile, ni pour elle ni pour nous. Néanmoins, la stratégie blairiste offre une solution qui fait la démonstration qu'elle « marche », tandis que la France s'enfonce dans la déprime, collée à son taux de chômage de 10 % depuis 1983.

Cette stratégie du New Labour a deux temps : tout faire pour la croissance, le social vient en second. Contrairement à ce qu'on entend en France, elle ne conduit pas à un social « peau de chagrin ». Être pro-business ne force pas Blair à être antisocial. C'est le contraire qui est vrai, être pro-business est la condition du social. Et, à l'examen, la résultante sociale de la stratégie blairiste est importante et bien supérieure à celle issue de la stratégie française de prétendue « résistance » au libéralisme.

Qu'on ne se méprenne pas : l'Etat social est bien plus développé en France qu'en Grande-

Bretagne et plus encore depuis le passage ravageur de Margaret Thatcher. Mais il ne s'agit pas ici de stock, mais de flux, d'évolution. Partant de plus bas, la situation sociale britannique s'améliore, tandis que la nôtre se dégrade.

La démonstration est désormais chiffrée. Le niveau de vie moyen des Britanniques dépasse le nôtre. La croissance est supérieure à celle de la France, mais elle est surtout plus résistante, plus autonome, face aux aléas en provenance des Etats-Unis (l'économie est cruelle pour la diplomatie du cocorico). Le taux de chômage (4,6 %) est tombé à moins de la moitié de celui de la France tandis que le taux d'emploi (la proportion de ceux qui ont un travail entre 15 et 64 ans) est de 76 %, contre seulement 63 % en France. Et qu'on ne dise pas qu'il s'agit d'emplois précaires : la part du travail temporaire dans l'emploi total est de 6,7 % en Grande-Bretagne contre 15 % en France, selon les statistiques de l'OCDE (chiffres 2001). Au total, 87 % des salariés britanniques ont le sentiment que leur emploi « est assuré » contre seulement 75 % des Français.

Le SMIC, créé en 1999 par Tony Blair, a crû de 40 % au cours de son deuxième mandat (2001-2005). Les salaires montent plus vite dans les îles Britanniques que dans la zone euro, parce que, comme le note Patrick Artus d'Ixis, les gains de productivité y sont accélérés et dis-

tribués, tandis qu'en France ils sont freinés...
sans doute par la généralisation de l'esprit de
« résistance » ! Ils ont été augmentés de 2,1 %
par an en moyenne entre 1995 et 2002 dans le
secteur privé anglais, contre seulement 0,7 %
en France.

A côté du niveau de vie, du chômage et des
salaires, il est un autre critère de mesure du
« social », selon la gauche française : les
dépenses publiques. Pour financer un effort
dans les services publics (hôpitaux, écoles,
transports et justice) que l'OCDE juge « sans
précédent dans les pays développés », le gouvernement de Tony Blair a dû lever des impôts
et creuser le déficit budgétaire. Comme le
ministre des Finances Gordon Brown avait su
faire des économies pendant la période de
vaches grasses (1998 à 2001), il a pu accroître
ses dépenses pour soutenir l'activité après
2002. Le gouvernement a donc mené une politique keynésienne que les Français qualifient
toujours « de gauche », sauf quand elle est
appliquée par Tony Blair, bien entendu.

Le taux de prélèvements obligatoires, une
mesure du degré de « socialisme » d'un pays,
a crû de 2 points sous le gouvernement Blair,
passant de 39,2 % en 1997 à 41,2 % en
2004. Et c'est cette évolution que redoute une
large partie de l'opinion britannique. Le gouvernement travailliste réélu devra réduire le

déficit, donc ses dépenses durant le troisième mandat qui s'est ouvert. Mais, pour qui a les yeux libres, MM. Brown et Blair n'ont plus à faire leurs preuves en matière sociale. Après trente ans, la Grande-Bretagne est revenue au plein emploi.

QUATRIÈME PARTIE

Les vrais travers du capitalisme

1

Après les « macjobs »,
la « wal-martisation » de l'emploi

Wal-Mart, le distributeur américain devenu, en quelques années, la première entreprise du monde, fait l'objet de deux débats aux Etats-Unis. Le premier porte sur ses responsabilités dans le gonflement du gigantesque déficit commercial du pays. A chercher les produits les moins chers, Wal-Mart est de loin le premier importateur de produits chinois. Le second porte sur l'emploi.

McDonald's symbolisait dans les années 1980 le développement des petits boulots précaires. Wal-Mart représente la pression permanente sur les salaires : ceux, directement, de ses 1,3 million d'employés, mais aussi ceux, indirectement, de ses nombreux fournisseurs. Implacable combattant des syndicats, licencieur en masse, employeur d'immigrés clandestins, destructeur des échelles internes de promotion, champion de la sous-traitance, Wal-Mart applique avec une tenace férocité les préceptes des « coupeurs de coûts ».

Avec le recul du temps, le brouillard s'est levé sur les conséquences sociales du capitalisme financier qui s'impose à la planète, et il est possible de se dégager des idées toutes faites, libérales (tout va bien) ou antilibérales (tout va mal).

Dans un remarquable petit texte (publié à l'issue d'un colloque organisé le 22 novembre 2003 par le club de réflexion A gauche, en Europe, animé par l'ancien ministre socialiste de l'Economie Dominique Strauss-Kahn) Jean Bensaïd, Daniel Cohen, Eric Maurin et Olivier Mongin en tracent les contours. On retient trois de ces conséquences. La première concerne « l'individualisation des contraintes ». Pour les employés comme pour les ouvriers, « le rapport à la clientèle se substitue au rapport au patron »[1]. Les sociétés de services remplacent les grands ateliers de l'industrie lourde. Le salarié est soumis au stress de devoir personnellement veiller aux délais et aux normes. « Plus fragile, plus isolée, la condition du salariat contemporain s'éloigne ainsi peu à peu de la condition d'unité élémentaire de main-d'œuvre pour se rapprocher de la condition de personne à part entière, avec les avantages et les vicissitudes correspondants. »

1. Voir l'analyse d'Eric Màurin, IIIe partie, chapitre 6

Deuxième caractéristique : le bas de l'échelle côtoie l'exclusion sociale. Différentes sous-populations, par différentes causes, sont prisonnières de leur situation. L'une de ces grilles d'enfermement est le territoire : naître en banlieue difficile est déterminant pour l'accès à l'emploi. L'autre est sociale : avec le travail des femmes on voit apparaître « une polarisation » avec des couples bi-actifs et d'autres zéro-actifs, doublement pauvres.

Troisième caractéristique : l'évolution modifiée des salaires dont l'automatique progression de naguère est bloquée. Pourquoi ? Il faut revenir en arrière pour le comprendre.

Dans les années 1980, les autorités ont abaissé le coût du travail pour créer des emplois à destination des personnes peu qualifiées. Avec une différence. Aux Etats-Unis, les salaires du bas ont glissé vers le bas. En Europe, la réaction a été de maintenir les salaires minimums (SMIC) et même de les relever, mais de subventionner les employeurs. La stratégie a été mise en place sous le gouvernement Balladur en 1993 et poursuivie depuis.

Durant la décennie 1990, aux Etats-Unis comme en Europe, ces emplois du bas, en intérim, à temps partiel, en CDD, sont vivement dénoncés : ou les accuse de fabriquer des « travailleurs pauvres ». Le triste sort de ces «macjobs » est, craint-on, prémonitoire d'une dégradation générale. En réponse, les gouvernements plaident que c'est le prix à payer pour la diminution du chômage. Mieux vaut pointer chez McDonald's qu'à l'ANPE !

Puis la formidable croissance des années 1990 change les termes du débat. Car le chômage, en constante réduction aux Etats-Unis, a fini par disparaître vers 1997. Dès lors, le mécanisme de l'offre et de la demande joue à l'envers des deux décennies précédentes et les salaires américains remontent un peu, puis plus vite, puis rapidement. Les libéraux sont soulagés : lorsque la marée monte, tous les bateaux du port s'élèvent, les youyous comme les yachts. Les macjobs se pérennisent, les CDD deviennent CDI. Au bout d'un temps, même les familles pauvres ont vu leur situation s'améliorer. Le processus de remontée hisse progressivement tous les barreaux de l'échelle sociale les uns après les autres.

Fin du débat ? Non. On découvre que, même durant la belle phase de croissance forte, la machine de promotion sociale s'est brisée de l'intérieur. Wal-Mart n'est pas la seule entreprise à avoir bloqué les ascenseurs internes pour la majorité de ses employés. Les firmes réservent désormais aux seuls managers, ou aux seuls « meilleurs », la construction de carrières internes. Les autres stagnent. Résultat : la grande majorité des salariés gagne un peu plus quand l'économie va bien, mais conserve le même poste.

La mobilité interclasses sociales, du coup, se

ralentit. Quelque 40 % des familles sont restées dans le même quantile de revenus au cours des années 1990, contre 36 % dans les années 1970, ont calculé les auteurs du livre *Low-Wage America* (fruit d'une étude académique qui regroupe 38 centres de recherche)[1]. Commencer livreur, finir dirigeant faisait partie du rêve américain. Il s'évanouit. C'est le grand paradoxe du capitalisme financier : il pousse l'économie vers toujours plus de souplesse et d'ouverture, mais il accouche d'un social stratifié.

La seule et unique clé de promotion devient, des deux côtés de l'Atlantique, le diplôme. Dans ce domaine, c'est l'Amérique qui se rapproche de la France, où le parchemin prédétermine, depuis toujours, la carrière.

Mais l'éducation coûte, partout, très cher. Et le prix des études supérieures renforce considérablement la rigidification des classes sociales. En 1970, aux Etats-Unis, 23 % des enfants du quart inférieur des revenus parvenaient à se hisser dans le quart supérieur. Ce pourcentage est tombé à 10 %. Fils de livreur tu es, livreur tu seras. Voilà pourquoi le vrai grand débat social doit porter sur l'université.

---

1. Eileen Applebaum, Annette Bernhardt et Richard J. Murnane, *Low-Wage America*, Russell Sage Foundation Ed., 2003.

2

Le capitalisme mourra-t-il de la baisse tendancielle du taux de motivation ?

« L'argent ne fait pas le bonheur » : le proverbe, sûrement inventé par les riches, semble de plus en plus vrai. Aux Etats-Unis, si l'on en croit les sondages Galup, la richesse moyenne par habitant a plus que triplé depuis la dernière guerre, passant de 15 000 à 35 000 dollars constants (de 11 500 à 26 700 euros) annuels, mais la proportion de gens « très heureux » décline depuis 1960. De plus en plus d'économistes prennent ce divorce au sérieux. Parmi d'autres, Daniel Kahneman, Prix Nobel d'économie 2002, vient de monter un centre de recherche pour comprendre ce qui paraît être un échec croissant de notre civilisation.

Karl Marx avait fait une prophétie : le capitalisme mourrait de lui-même, rongé par la baisse tendancielle du taux de profit. C'était irrémédiable du fait de la substitution du capital au travail, qui augmentait toujours la base à rémunérer (dénominateur) avec une plus-value (numérateur) prise sur une main-d'œuvre toujours plus étroite. Le communisme cueillerait le fruit tombé, il suffisait d'accélérer un peu les choses par l'action révolutionnaire. On sait ce qu'il advint. Le capitalisme est toujours là, avec des taux de profit records, dignes des meilleures années du XIXᵉ siècle. Le communisme, lui, est mort. Le vieux Karl s'était un peu emmêlé dans ses équations...

Mais, avec l'expérience que chacun peut faire en regardant autour de lui, on pourrait se livrer à une nouvelle prophétie de déclin. La motivation au travail décroît rapidement parmi un nombre toujours plus élevé de catégories sociales. Alors que le nouveau capitalisme de la connaissance et de la high-tech a besoin de mobiliser de plus en plus les « ressources humaines », il se passe tout le contraire : les salariés, les cadres, jusqu'aux franges des dirigeants, sont fatigués, désabusés, critiques. Ils se consacrent de plus en plus à leur « vie personnelle » – les 35 heures aidant en ce qui concerne la France.

Le débat sur le contenu du travail est ouvert dans tous les pays développés. 62 salariés américains sur 100 estiment que leur charge de travail est lourde, 53 sur 100 se déclarent « très fatigués ». Le coût des médicaments et des traitements antistress atteindrait 300 milliards de dollars par an (230 milliards d'euros), selon le *New York Times*, soit 3 % du PIB. Au Japon, le phénomène du « kagoshi » (la mort par surmenage) a pris des proportions alarmantes. En Angleterre, le ministère de la Santé a calculé que le stress provoquait un absentéisme de 13 millions de journées chaque année.

Les livres sur l'oppression due au travail font un tabac[1]. Zéro défaut, zéro stock, externalisation, dégraissages permanents, responsabilisation des agents, évaluation continue de leurs performances : le management moderne a provoqué une révolution du rapport au travail, de l'opérateur de machine jusqu'au créateur de start-up. Les trajectoires professionnelles sont rythmées par la mobilité : Richard Sennett, sociologue de l'université de New York, estime qu'un jeune Américain qui entre aujourd'hui sur le marché du travail changera onze fois de job dans sa vie. L'emploi est découpé en contrats à durée déterminée et à temps partiel. La base de la condition salariale était la stabi-

---

1. Vincent de Gaulegac, *La Société malade de la gestion*, Ed. du Seuil, 2005 ; *L'Individu hyper-moderne*, dir. Nicole Aubert, Erès, 2004.

lité, c'est devenu l'insécurité, comme le note le sociologue Robert Castel[1].

Les cadres n'échappent plus au broyage. Toutes les études font état de leur désenchantement. « Le cadre avait passé avec son entreprise un contrat de loyauté, d'évidence et même de classe. C'est fini, relève Gilles Alexandre, directeur d'études au sein de l'association Entreprise et Personnel. Certains s'en tirent, comme les trentenaires pleins d'ardeur, mais beaucoup ne se remettent pas du désamour[2]. » Comment le capitalisme pourra-t-il résoudre la contradiction entre le besoin d'implication des personnes et leur démotivation croissante ?

De nombreuses entreprises s'inquiètent du moral de leurs cadres quand d'autres restent aveugles. Elles ne recherchent pas des personnels motivés, mais des personnels efficaces. Elles se soucient de la satisfaction de l'actionnaire, puis du client, avant celle du salarié. Et de pallier l'absence de motivation par une « normalisation » à l'américaine des tâches et des résultats, inscrite dans les logiciels. Restent des adhésions locales et circonstancielles qui rendent la vie possible. Mais, globalement, le salarié se soumet à la contrainte et il s'y

1. *L'Insécurité sociale*, Ed. du Seuil, coll. « La République des idées », 2003.
2. Entretien avec l'auteur.

retrouve par son désinvestissement : revoilà le communisme de Karl !

Hausser les rémunérations ? C'est une meilleure réponse : la carotte. Toutes les entreprises qui vont bien finissent par augmenter les salaires. Mais deux évolutions ont retardé ou modifié cette régulation historique. L'exigence d'un haut rendement (15 %) dans l'ère du capitalisme financier, d'abord, qui a décalé le partage salaire-profit en faveur du dernier[1]. Et l'arrivée de la Chine et de l'Inde, durs compétitrices pour le travail ouvrier mais aussi pour de multiples tâches de cadres délocalisables, ensuite. Le serrage de ceinture n'est pas fini.

Réinventer un compromis entre mobilité économique et protection sociale : voilà la grande affaire. Comme l'écrit Robert Castel, croire possible un retour à la stabilité des modes de travail du « fordisme » d'hier serait la pire politique. Ne pas rendre l'Etat social « flexible et actif » serait le condamner. Il faut, au contraire, reconfigurer sans tarder les systèmes sociaux pour que chacun soit individuellement en mesure d'affronter le besoin de mobilité. Et, comme ne l'a pas cru Karl, le capitalisme acceptera. Pour sauver sa peau.

---

1. Voir le chapitre suivant.

3

Les multinationales sur leur tas d'or

Il est une chose absolument sécurisée dans ce monde de dangers et de fureurs : les profits des grandes multinationales. Le ROE (rendement des fonds propres) est sacré, quoi qu'il arrive. L'actionnaire l'exige.

Depuis dix ans, le résultat est remarquable : guerres, attentats de New York et autres événements géopolitiques au vaste écho planétaire n'ont eu aucun effet. Les taux de profit sont accrochés, année après année, aux 15 % aux Etats-Unis et aux 12 % en France (où ils ont même tendance à gagner un petit point par an). Même une stagnation économique n'a que peu de conséquence, sauf si elle dure une décennie comme au Japon où, quand même ! le ROE est devenu négatif en 2001 et 2002. Licenciements, baisse des dépenses, révisions tactiques . les entreprises adaptent en quelques semaines leurs coûts à leurs recettes afin de préserver les bénéfices et, subséquemment, le siège du PDG. Voilà comment, année après année, le rendement du capital est sécurisé.

Tellement sécurisé que les multinationales se retrouvent au sommet de considérables tas d'or... dont elles ne savent plus que faire. A l'été 2004 Microsoft, le géant des logiciels qui est sûrement la machine à cash la plus performante au monde, avait accumulé 60 milliards de dollars de réserves, cassette qui grossissait d'un milliard tous les mois.

La firme de Bill Gates avait beau arroser ses laboratoires de recherche de déluges de crédits, racheter autant de concurrents que possible, se diversifier tous azimuts dans les produits d'informatique et de télécoms, elle ne parvenait pas à dépenser tout son argent, loin de là. L'échec d'une OPA imaginée sur le concurrent allemand SAP l'a laissée avec un trop-plein dans ses caisses et un vide de projet. La direction a dû annoncer le doublement de son dividende, le versement exceptionnel de 3 dollars par action et le rachat de ses propres titres pour 30 milliards de dollars sur quatre ans.

Microsoft n'est pas seul. Au total, les 374 entreprises de l'indice Standard & Poor's ont dans leurs coffres 555 milliards de dollars de réserves. Ce trésor a gonflé en 2004 de 11 %

par rapport à 2003 et, malgré la récession de 2001, a doublé depuis 1999, selon le magazine *Business Week*. Bouygues, Exxon, Intel, British Telecom, Total... tous les géants rachètent massivement leurs propres actions pour en faire gonfler le cours. Le phénomène concerne tous les pays, l'Europe, le Japon et même la Corée du Sud où les firmes dormaient, à la fin de 2004, sur un matelas de 65 milliards de dollars.

Les causes de cette trop abondante richesse ? La mondialisation d'abord, qui globalisant la concurrence permet de contenir l'inflation sinon de la supprimer. Le vieillissement des populations du Nord, ensuite, qui gonfle les carnets d'épargne. Conséquence de ces deux mouvements : les taux d'intérêt mondiaux sont historiquement faibles. Le capital coûte peu cher et, en outre, la liberté de circulation financière permet les ajustements géographiques à l'échelle de la planète. Au total, nous serions entrés dans une phase d'excès de liquidités, selon certains économistes.

Or en face, les entreprises jouent la prudence. Les Kenneth Lay (Enron) ou Jean-Marie Messier (Vivendi) sont des rares, et mauvaises, exceptions dans un monde qui ne redoute rien de plus que les dépenses de luxe et les aventures risquées. Sous surveillance minutieuse d'analystes financiers retors, d'actionnaires pingres, de fonds de pension exigeants, de banques fesse-mathieux, des agences de notation, des firmes d'audit et de la presse, les dirigeants de multinationales réfléchissent à trois fois avant de signer le moindre chèque.

La crainte de la récession, la peur du terrorisme, l'effroi des scandales qui ont conduit certains de leurs collègues en prison : tout concourt à leur frilosité Ils renoncent à tout projet qui ne correspond pas au sacro-saint ROE exigé. Les OPA sont comptées, très longuement mûries et sérieusement bordées de toutes les garanties. Les investissements sont pesés au trébuchet de pharmacien. Résultat : les moyens financiers des entreprises dépassent leurs besoins, et le taux d'autofinancement grimpe à 115 % aux Etats-Unis, 110 % en Allemagne, 130 % au Japon : preuve chiffrée de l'excès de liquidités.

Patrick Artus, d'Ixis, s'alarme de cette évolution vers « un capitalisme sans projet ». « Si les profits d'aujourd'hui ne font plus les investissements de demain, note-t-il en référence à l'adage, mais provoquent seulement des distributions de liquidités aux actionnaires, l'utilité de profits très élevés n'apparaît pas [1]. »

Les entreprises, poursuit-il, devraient « rendre » l'argent aux clients en baissant leurs prix de vente. Mais ce n'est pas le cas dans tous les

1 Entretien avec l'auteur.

secteurs. La concurrence reste paradoxalement trop faible en Europe. Des quasi-monopoles privés se sont constitués, par exemple dans les télécoms où les prix des appels sur les mobiles sont scandaleusement élevés. Mais les Etats-Unis ne sont pas non plus la vaste prairie de la concurrence pure : si Microsoft est trop riche, c'est qu'il manque de « challengers ».

Les entreprises pourraient aussi augmenter l'emploi. Mais ce n'est pas le cas non plus. Les firmes calibrent leurs effectifs à bas niveau avec comme principe de tenir les dépenses pour « sortir » un fort ROE même dans une conjoncture difficile.

Les grandes entreprises sont-elles trop riches ? Leurs profits superflus posent deux questions : celle de l'équité entre salariés et actionnaires, en particulier en Europe où les uns et les autres ne se confondent pas, et celle de leur efficacité macroéconomique. La consommation reste le meilleur moteur de la reprise, faute d'investissement, justement. La soutenir passe par la baisse des prix ou par l'augmentation des salaires. Les grandes entreprises ne font pas leur devoir : elles profitent de la croissance mondiale sans la nourrir.

4

Le dépassement des États-nations

Comment va la planète ? Jean-François Rischard est bien placé pour avoir un point de vue large sur l'état du monde. Après trente ans passés à la Banque mondiale, il en était vice-président responsable des relations avec l'Europe, le plus gros actionnaire de l'institution internationale spécialisée dans l'aide au développement des pays pauvres. Il a pris sa retraite au printemps 2005. Luxembourgeois, avocat, formé à l'économie à Aix-en-Provence puis à la Harvard Business School, il se définit à l'américaine comme un « problem solver ».

Sa vision de la planète est, au bout du compte, optimiste. Mais il donne une longue liste de « problèmes ». La situation est inédite : « Après des centaines d'années de lente évolution, les courbes partent brutalement à la verticale. » Pour deux raisons : l'augmentation rapide de la population mondiale et la « nouvelle économie mondiale radicalement différente qui est en train d'apparaître ».

L'exemple connu de ce surgissement vertical des courbes est celui du réchauffement, mais Jean-François Rischard décompte vingt problèmes du même type. Ils sont lourds de menaces et il faudrait commencer à les résoudre « dans les deux décennies qui viennent », faute de quoi le sort des hommes en sera considérablement affecté.

Or ils ne le sont pas parce que le système international est défaillant. L'organisation politique repose encore sur des Etats-nations qui ont « une perspective territoriale et un cycle électoral court » et, en conséquence, ne savent pas comment faire face à ces problèmes « intrinsèquement mondiaux et de long terme ».

La liste n'en est pas difficile à faire : ils concernent l'environnement (réchauffement, biodiversité, épuisement des ressources halieutiques, pollution des mers, déforestation, pénurie d'eau douce), le sort des hommes (pauvreté, terrorisme, éducation, pandémies, fracture numérique, prévention des catastrophes naturelles) et le besoin de règles mondiales (fiscales, monétaires, éthiques sur la génétique, policières contre les stupéfiants, commerciales, légales sur la propriété intellectuelle ou la gestion des migrations).

155

En face existe le système des traités. Mais il est lent et ne prévoit pas de sanction contre les Etats resquilleurs. Existent les regroupements comme le G8 ou le G20. Ils sont utiles, mais restent superficiels. Existe l'ONU. Mais les engagements pris pendant ses grand-messes sont vite oubliés. Existent les 45 organisations internationales (Banque mondiale, FMI, OMC...). Mais elles sont « trop petites » et n'ont pas « l'indépendance nécessaire » vis-à-vis des Etats-nations qui sont leurs actionnaires. Le monde n'est parvenu à régler que deux des problèmes mondiaux : la couche d'ozone et l'éradication de la variole.

Jean-François Rischard avait exposé ces thèses dans un livre paru en 2002[1] Aujourd'hui, il constate que les gouvernements se sont détournés de la résolution de ces vingt problèmes brûlants par le surgissement de cinq autres qui « les plongent dans un stress grandissant ». Au moment donc où les chefs d'Etat devraient s'élever pour songer à piloter la planète, ils sont noyés par « cinq grandes vagues ».

Ce sont :

1) le vieillissement, qui bouscule les modèles sociaux, creuse des dettes énormes et annonce des conflits intergénérationnels ;

---

1. *20 défis pour la planète, 20 ans pour y faire face*, Actes Sud-Solin.

2) la construction d'une nouvelle division internationale, avec des flux immenses de délocalisations dont nous n'avons vu que le tout début ;

3) le coût du pétrole, qui va lourdement peser sur toutes les économies ;

4) la constitution d'une géopolitique à dominance américano-chinoise et la relégation de l'Europe, qui seule porte en elle « l'esprit nécessaire » pour s'attaquer aux problèmes mondiaux (à moins que la Chine ne la remplace, se demande Jean-François Rischard) ;

5) la fragilité des systèmes économiques sujets à un « soft terrorisme » qui bloquerait Wall Street ou le détroit d'Ormuz.

Il ajouterait volontiers une sixième « vague de stress », constituée par l'évolution négative des opinions publiques, craintives quant à l avenir, poussées vers les idéologies ou les croyances religieuses et détournées de la lecture des journaux sérieux.

Comment faire ? A quoi se raccrocher ? Jean-François Rischard a imaginé une façon de « faire pression » sur les Etats-nations et les hommes politiques. Des groupes d'experts seraient chargés de définir des normes puis « enfermés pendant trois ans » pour trouver des solutions détaillées pour chaque problème et les normes correspondantes. Chaque pays serait jugé sur chacun de ces critères et les Etats voyous sanctionnés par « un vacarme solennel » fait sur leur réputation auprès des opinions publiques mondiales, des médias, des grandes entreprises, des banques. Cette solution à base de tableaux régulièrement révisés peut servir de matière première pour ces « nouvelles politiques sans frontières » qu'on voit émerger avec Internet parmi les jeunes générations.

En face de cette longue liste noire, celle des raisons d'espérer est loin d'être vide. Jean-François Rischard en relève six grandes :

1) la démocratie progresse. On comptait 67 pays autoritaires en 1985 (45 % de la population mondiale), ils ne sont plus que 26 (30 %) ;

2) la technologie ouvre des horizons toujours plus vastes pour résoudre les problèmes de la santé comme de l'énergie ;

3) le passage accéléré à des économies de service abaissera les besoins d'énergie et utilisera la qualification croissante des populations ;

4) le rattrapage du tiers-monde. Le PIB de la planète passera de 35 000 milliards de dollars aujourd'hui, dont 20 % dans les pays pauvres, à 135 000 milliards en 2050, dont 40 % ou 50 % dans les pays pauvres ;

5) l'émergence d'« une conscience mondiale » solidement armée par les réseaux informatiques, en particulier chez les jeunes ;

6) la certitude que l'esprit humain plie mais ne rompt pas.

Il y a là, dans ce tout dernier point, comme de l'espérance à l'européenne chez Jean-François Rischard, un peu de foi. Chacun aura son idée de la balance des plus et des moins. En tout cas, les listes des « problèmes » et des espoirs décrivent l'état du monde.

5

Les vrais bienfaits
du capitalisme

———————

L'extrême pauvreté a été divisée par deux sur la planète ces vingt dernières années. La chute est saisissante : de 1981 à 2001, la part de la population des pays en développement vivant avec moins de 1 dollar par jour (définition de l'extrême pauvreté) est passée de 40 % à 21 %, selon les statistiques de la Banque mondiale. L'évolution s'observe aussi en nombre absolu : la misère ne touche plus que 1,1 milliard d'individus, contre 1,5 milliard en 1981.

L'avenir rend optimiste sur une poursuite de ce bienfait. En 2004, le commerce mondial aura crû de plus de 10 %, alimentant une croissance mondiale moyenne de plus de 4 %. Et ce sont les pays en développement qui en ont profité le plus avec une moyenne de 6,1 %, dont 8,8 %

pour la Chine et 6 % pour l'Inde. Les deux années 2005 et 2006 seront un peu moins brillantes, selon la Banque mondiale. La croissance devrait retomber à 3,2 % du fait du prévisible ralentissement américain, du prix du pétrole et de taux d'intérêt plus élevés. Mais, en mettant de côté tout accident (comme un effondrement du dollar), et en portant le regard loin, la Banque estime qu'avec « les progrès réalisés dans les politiques macroéconomiques, les flexibilités structurelles, un climat plus favorable à l'investissement et de nouvelles ouvertures commerciales » la planète dispose d'« une base solide » pour assurer une croissance du PIB par tête d'environ 3,5 % par an d'ici à 2015. Il s'agira d'un doublement de la vitesse atteinte dans les années 1990.

Ce rythme, toujours selon la Banque mondiale, permettra à de nombreux pays d'atteindre les objectifs du « Millénaire », soit de diviser par deux « l'extrême pauvreté » d'ici à 2015 (la proportion de leur population vivant avec moins de 1 dollar par jour, mais cette fois-ci par rapport aux chiffres de 1990).

Le nombre de ces « extrêmement pauvres » baisserait de 1,1 milliard en 2001 à 622 millions en 2015. Si l'on regarde les simples « pauvres » (définis comme ceux qui vivent avec moins de 2 dollars par jour), leur nombre, 2,7 milliards en 2001, tomberait à 1,9 milliard, soit 32 % de la population mondiale, ce qui est évidemment encore trop.

A l'examen d'ailleurs, ces chiffres ne sont pas entièrement satisfaisants. La réduction de la pauvreté mondiale va moins vite que la croissance, signe que le monde est de plus en plus inégalitaire. En outre, l'évolution est très disparate. La baisse de la pauvreté mondiale est jusqu'ici entièrement due au succès asiatique, qui s'explique lui-même, en très grande partie, par la Chine. Si l'on exclut ce géant des statistiques, l'évolution globale mondiale est légèrement négative, le gain obtenu dans les autres pays asiatiques (notamment en Inde) étant compensé par la forte remontée de la pauvreté en Afrique (+ 150 millions), tandis que les chiffres stagnent en Amérique latine.

Mais si la croissance se maintient, l'avenir s'annonce meilleur : même en excluant la Chine des statistiques, l'objectif du Millénaire serait atteint à l'échelle de la planète entière. En Asie, seuls le Cambodge, le Laos et la Papouasie-Nouvelle-Guinée n'y parviendraient pas. L'Asie aura quasiment éradiqué l'extrême pauvreté en 2015. En revanche, seuls huit pays d'Afrique subsaharienne y parviendront (comme le Mozambique ou l'Ouganda) mais ils ne représentent que 15 % de la population totale du continent noir.

Essayons de résumer.

1) Du succès asiatique dans les années passées demeure un constat : la cause principale du recul de la pauvreté est la croissance économique, tirée par la mondialisation. Elle seule permet d'améliorer, de surcroît, les autres indicateurs sociaux comme la mortalité infantile ou la scolarisation.

2) La croissance, condition nécessaire, n'est pourtant pas suffisante. L'Inde, dont le décollage récent est remarquable, obtient des résultats décevants contre la pauvreté. La part de la population disposant de moins de 1 dollar par jour n'est passée que de 36 % il y a dix ans à 28 % aujourd'hui (contre une réduction de 35 % à 16 % en Chine pendant la même période). La raison en est que la richesse nouvelle a été absorbée par les classes aisées de la « shining India » (l'Inde qui brille).

Autrement dit, la réduction de la pauvreté impose d'accompagner la croissance par une politique redistributive, faute de quoi elle se transforme en accroissement des inégalités. La persistance de la malnutrition enfantine en Asie, malgré le boom économique, confirme que les Etats ne peuvent pas laisser la croissance jouer seule.

3) La meilleure façon de promouvoir la croissance reste l'insertion dans le commerce mondial. La pauvreté d'un pays ne s'explique

pas par la mondialisation mais par sa non-participation à la mondialisation.

Précision : nous parlons ici du commerce des biens et pas de la mondialisation financière, qui, difficile à maîtriser par certains Etats du tiers-monde, a provoqué des crises monétaires désastreuses – en Argentine, par exemple.

4) Comme 70 % des habitants des pays en développement vivent de l'agriculture, les enjeux se concentrent sur ce secteur. L'Asie a profité de la libéralisation des produits industriels, l'Amérique du Sud et l'Afrique attendent les fruits d'une libéralisation agricole. La poursuite de la lutte contre la pauvreté passe par la fin des subventions du blé, du sucre, du coton, du riz, aux Etats-Unis, en Europe et au Japon.

Mais, s'il faut que cesse l'égoïsme des pays développés, il faudra aussi que les marchés ouverts ne soient pas captés au seul profit des « grands » du Sud comme la Chine, le Brésil ou l'Afrique du Sud. L'analyse des ouvertures devrait se faire plus fine, par filière et par pays, ce qui ne semble pas devoir être le cas au sein de l'Organisation mondiale du commerce. Le grand risque commercial des années à venir est celui d'une guerre Sud-Sud.

5) Les pays les plus pauvres – comme de trop nombreuses régions d'Afrique – manquent d'« avantages comparatifs ». Pour eux, l'aide financière extérieure est indispensable. Les

montants des crédits publics ont fondu à 58 milliards de dollars en 2002, dont seulement 38 milliards d'argent frais.

Les décisions prises au G8 de Gleneagles, l'été 2005, d'annuler la dette des pays les plus endettés et de doubler l'aide au développement vont dans le bon sens[1]. Il en est de même pour la rénovation en cours des politiques d'aides. Les réflexions des économistes du développement se sont, en effet, transformées sous le feu critique, il faut le reconnaître, des mouvements alter-mondialisation. Le modèle libéral dit du « consensus de Washington » (ouverture commerciale, rigueur budgétaire, privatisations...) est en partie remis en cause pour laisser la place à plus de prudence idéologique et à l'examen au cas par cas des pays. Devenues plus multidimensionnelles, moins purement macroéconomiques, les aides se sont approchées du terrain, faisant apparaître des clés nouvelles, comme les micro-crédits, le rôle des femmes ou celui des circuits informels de financement et de commerce. On s'est aperçu que la couleur politique comptait moins que la bonne gouvernance des Etats et la qualité de leurs institutions. « Les Etats et les marchés sont complémentaires », a reconnu James Wolfensohn, président de la Banque mondiale. La

1. Voir Ire partie, chapitre 4.

réduction de la pauvreté, qui ne faisait pas partie des objectifs directs (on préférait des buts purement macro-économiques de croissance et d'équilibre budgétaire), est désormais mise au premier rang des politiques du développement.

La poursuite du recul de la pauvreté dépend du Nord, de ses aides, de ses marchés. Mais elle dépend d'abord des pays du Sud, de leur capacité à organiser leur Etat, à lutter contre la corruption, à concentrer leur effort sur l'éducation et à améliorer le sort des femmes.

L'examen général rend plutôt optimiste. La pauvreté peut être vaincue et être « renvoyée à l'histoire passée », comme le réclamaient les milliers de manifestants avant le G8 de Gleneagles. Sauf sans doute pour l'Afrique, où les progrès existent mais sont beaucoup trop lents.

Conclusion

Refonder l'économie-politique

Guerres, religions, valeurs morales : et si l'économie ne comptait plus ?

Depuis quelque temps, les économistes sont plongés dans un doute existentiel. Non qu'ils s'aperçoivent qu'ils font encore plus d'erreurs de prévision conjoncturelle qu'avant. Leur performance en la matière, quoique médiocre, a plutôt tendance à s'améliorer. L'angoisse est plus profonde. Leur glorieuse discipline a perdu son lustre et semble devenue inutile ou, au mieux, secondaire.

Après avoir régné pendant deux siècles industriels en juges de paix de la production et de la distribution, après avoir régenté les bases de la société, après avoir fait les élections politiques, les économistes ne font que subir des revers, depuis, grosso modo, la chute du Mur. La planète est parcourue de guerres ethniques dont ils n'ont rien à dire, ou presque. Les pays développés sont traversés de violences communautaires qui renvoient à des considérations a-économiques. Le religieux fait un retour qui les laisse secs. Les rois de l'« infrastructure », qui selon Marx déterminait tout le reste, sont nus.

« Values not issues. » La réélection de George W. Bush a signé leur sortie du devant de la scène : les valeurs ont pris le pas sur les dossiers. Les démocrates, qui voulaient mettre le doigt sur le piètre bilan économique et social du premier mandat Bush avec la croissance des inégalités et le désarroi des classes moyennes, se sont fait dribbler par les stratèges républicains, qui ont poussé des thèmes « moraux » comme l'avortement et le mariage homosexuel.

Gros succès et question pour l'agrégation : pourquoi une majorité de petites gens a-t-elle voté contre son intérêt de classe ? La politique gagnante s'est détachée de l'économie, elle est « orthogonale » (le nouveau mot à la mode) à l'économie. Les clivages n'ont pas bougé, ils ont changé d'axe sur le plan abscisse/ordonnée. Nous voici dans une autre dimension. *Goodbye*, l'économie...

Phénomène américain, dira-t-on. Le pays est fondamentalement religieux et les ouailles évangélistes. Mais l'Europe, la Vieille Europe mère du « contrat social », toute pétrie de « société », elle, ne se fera pas avoir. Impossible sur la terre de Rousseau !

Pas si sûr. De ce côté-ci aussi de l'Atlantique, les avancées de la génétique poussent à rouvrir des plaies pas toujours fermées sur le statut de l'embryon. Ici aussi, les bases traditionnelles de la filiation sont bousculées, faisant question. Et qui ne voit que le débat, tabou, sur « l'Europe chrétienne » occupe nombre d'esprits au point de pousser au « non à la Turquie » lors du référendum sur la Constitution européenne alors que ce n'était pas le sujet ?

Alain Touraine va plus loin dans son dernier livre[1]. Nous serions entrés dans une nouvelle phase où l'économie n'est plus déterminante. Une première phase était celle de la politique, celle « du désordre et de l'ordre, la paix et la guerre, le pouvoir et l'Etat, le roi et la nation, la République, le peuple et la révolution ». Puis la révolution industrielle et le capitalisme « se sont libérés du pouvoir politique et sont apparus comme la base de l'organisation sociale ». Vint « le paradigme économique et social » : « Classes sociales et richesse, bourgeoisie et prolétariat, syndicats et grèves, stratification et mobilité sociale, inégalités et redistribution sont devenus nos catégories les plus usuelles d'analyse. »

1. *Un nouveau paradigme pour comprendre le monde d'aujourd'hui*, Fayard, 2005.

Cette deuxième phase se meurt. La mondialisation la tue parce qu'elle provoque une « séparation complète de l'économie et des autres institutions, en particulier sociales et politiques, qui ne peuvent plus la contrôler ». Le capital mobile se moque désormais du travail, englué dans la terre des nations et des gouvernements. Il va au moins cher et délocalise. Les salaires sont sous pression. Les catégories sociales sont détruites : la dichotomie pertinente devient celle qui sépare les professionnels (indispensables et souvent mobiles eux-mêmes) et tous les autres. Le système se dégage de ses acteurs. C'est la fin du « social », tel qu'on l'entendait. Les syndicats se retrouvent sans adhérents et les luttes sociales sans appui.

L'économie n'a-t-elle vraiment plus de place dans ce nouveau paradigme ? Si. D'abord parce qu'un réinvestissement par cette profession de la guerre, de la religion, de la génétique ou du sexe n'est pas exclu. Toutes ces catégories ont, après tout, un prix et un marché. Mais surtout parce que la thèse de « la mort du social » est critiquable[1]. L'avènement de l'individualisme marque la fin de l'appartenance aux classes sociales d'hier mais pas à celles d'aujourd'hui moins fermées, plus mouvantes, éphémères, mais non moins marquées. Le travail des socio-

1. Voir IIIe partie, chapitre 6.

logues est précisément de les cerner, de les ana-
lyser et d'en déduire une nouvelle carte des
inégalités. Le capitalisme nouveau ne tue pas le
social, il déplace ses frontières, en gomme certaines et en refabrique d'autres, autour de catégories élargies, mêlant naissances et trajectoires
personnelles, territoires et diplômes, travail et
modes de vie. Le sociologue, loin d'être, lui
aussi, mis au chômage, est confronté à un uni-
vers neuf, à des découvertes, à « un travail de
connaissance », comme le dit Pierre Rosan-
vallon[1].

Sur ce renouveau de la critique sociale, l'économie trouvera de quoi se refonder. Il restera,
ensuite, troisième étape, à reconstruire la politique.

1. *Libération*, 14 avril 2005.

TABLE

Troisième partie
LA FRANCE AVEUGLE

Quatrième partie
LES VRAIS TRAVERS DU CAPITALISME

Composition et mise en page

NORD COMPO
m u l t i m é d i a

Achevé d'imprimer sur les presses de

BUSSIÈRE

GROUPE CPI

à Saint-Amand-Montrond (Cher)
en septembre 2006

www.ingramcontent.com/pod-product-compliance
Lightning Source LLC
Chambersburg PA
CBHW050652270326
41927CB00012B/2993